产业协同集聚对
绿色全要素生产率的影响研究

——基于长江经济带的数据

曾凡惠◎著

西南财经大学出版社

中国·成都

图书在版编目(CIP)数据

产业协同集聚对绿色全要素生产率的影响研究:基于长江经济带的
数据/曾凡惠著.—成都:西南财经大学出版社,2022.12
ISBN 978-7-5504-5569-6

Ⅰ.①产… Ⅱ.①曾… Ⅲ.①长江三角洲—城市群—产业集群—
影响—绿色经济—全要素生产率—研究 Ⅳ.①F269.275②F127.5

中国版本图书馆 CIP 数据核字(2022)第 193498 号

产业协同集聚对绿色全要素生产率的影响研究
　　——基于长江经济带的数据
CHANYE XIETONG JIJU DUI LÜSE QUANYAOSU SHENGCHANLÜ DE YINGXIANG YANJIU
——JIYU CHANGJIANG JINGJIDAI DE SHUJU
曾凡惠　著

策划编辑:王　琴
责任编辑:王　琴
责任校对:高小田
封面设计:墨创文化
责任印制:朱曼丽

出版发行	西南财经大学出版社(四川省成都市光华村街 55 号)
网　　址	http://cbs.swufe.edu.cn
电子邮件	bookcj@swufe.edu.cn
邮政编码	610074
电　　话	028-87353785
照　　排	四川胜翔数码印务设计有限公司
印　　刷	郫县犀浦印刷厂
成品尺寸	165mm×230mm
印　　张	12.5
字　　数	163 千字
版　　次	2022 年 12 月第 1 版
印　　次	2022 年 12 月第 1 次印刷
书　　号	ISBN 978-7-5504-5569-6
定　　价	79.00 元

前　言

改革开放以来，中国凭借要素驱动、投资驱动，创造了经济的增长奇迹。但在工业化过程中，依赖高投入、高能耗、高污染、低效率的"黑色"经济增长模式造成了资源过度消耗和生态环境恶化等问题。为了实现经济高质量发展的目标，目前亟须解决的两大问题是：①转变粗放型增长模式，提升效率水平；②考虑生态环境约束，实现绿色增长。在这种情况下，同时考虑了资源投入和环境约束的绿色全要素生产率就成为衡量经济发展质量的重要指标，而提升绿色全要素生产率也意味着环境效率和经济效率的双赢。制造业是工业化过程中的主导产业，要想改变制造业发展带来的负面影响，就要对制造业进行转型升级，而这离不开以知识类软要素密集为特征的生产性服务业的支持。生产性服务业具有高科技含量、高附加值，与制造业存在着垂直的产业关联，不仅能为制造业的研发、设计提供服务，还能以其知识和技术的溢出效应渗透到制造业的全产业链中，帮助制造业实现由"要素驱动"转变为"技术创新驱动"，推动制造业绿色效率的提高。生产性服务业与制造业的协同发展成为转变粗放型经济增长方式的新生力量。近年来，在中国经济转型过程中，生产性服务业集聚的地区往往制造业也相对发达，产业协同集聚的现象比较明显。产业协同集聚这一新的集聚模式已逐渐取代过去的单一的制造业集聚、服务业集聚的专业化集聚模式。从理论上讲，产业协同集聚可以通过集中生产、集中去污来提高资源利用率，减少环境资源的消耗，从而有效提高绿色全要素生产率。但从现有研究成果来看，相关文献主要集中于制造业集聚或是生产性服务业集聚等专业化集聚对绿色全要素生产率的研究，鲜有文献关注产业协同集聚对绿色全要素生产率的影响。自长江经济带发展战略实施以来，不仅长江三角洲城市群（简称"长三角城市群"）成为中国最早形成产业协同集聚的地区，而且整个长江经济带地区制造业的集聚优势明显，且与生产性服务业协同集聚趋势显著。鉴于此，本书在深入分析产业协同集聚对绿色全要素生产率影响机制的基础上，利用长江经济带数据，实证检验了产业协同集聚对绿色全要素生产率的影响，为推动长江经济带的绿色发展提供了新的实证依据。

本书的研究主要从理论分析和实证检验两方面展开。

（1）理论分析方面

首先，基于两种产业之间存在的关联性，生产性服务业与制造业的融合、集聚，对制造业进行转型升级、提高效率的同时，减少了对环境的污染；同时，考虑空间因素的影响，由于生产要素的跨区域流动，以及城市群产业的分工协作，产业协同集聚不仅会影响本地区域的绿色全要素生产率，而且会影响其他区域的绿色全要素生产率，从而存在空间效应。其次，产业协同集聚对绿色全要素生产率产生影响的传导路径是通过技术创新和产业结构升级而实现的，从而存在中介效应。最后，产业协同集聚对绿色全要素生产率的影响方向及影响的强度会随着经济增长水平、外商直接投资水平和城市规模的变化而表现为非线性关系，从而存在门槛效应。

（2）实证检验方面

本书利用 2008—2019 年长江经济带 70 个城市的面板数据，检验了产业协同集聚对绿色全要素生产率的影响。一是建立空间计量模型，检验其空间效应的存在性；二是通过构建中介效应模型，检验了产业协同集聚通过技术创新和产业结构升级这两条渠道对绿色全要素生产率的影响；三是通过构建面板门槛模型，检验当人均 GDP（国内生产总值，本书侧重为地区生产总值）、FDI（外国直接投资）、城市规模等因素发生变化时，产业协同集聚对绿色全要素生产率的非线性影响。

本书在理论分析和实证检验的基础上得到以下主要结论：

（1）空间效应模型的估计结果

首先，Morans' I 指数的检验结果说明产业协同集聚与绿色全要素生产率两者存在空间相关性。其次，从空间效应模型的分解结果来看，直接效应系数为 0.191，并且是显著的，说明本地区的产业协同集聚可以促进本地区绿色全要素生产率的提升；间接效应系数显著，说明其他地区尤其是经济特征相似地区的产业协同集聚也影响本地区的绿色全要素生产率，存在空间溢出效应，表明城市间的绿色经济效应是相互影响的。最后，从生产性服务业中各个细分行业和制造业之间的协同集聚的回归结果来看，各个细分行业和制造业之间的协同集聚的影响并不均衡，而更多地来自信息传输业、科学研究业以及交通运输业这三种细分行业。

（2）中介效应模型的估计结果

首先，中介变量为技术创新的实证结果显示存在部分中介效应。生产性服务业携带大量知识和技术，与制造业的协同集聚，新技术、新知识得以产生并快速传播，激发企业创新活力，对绿色全要素生产率的提升起促进作用。其次，中介变量为产业结构升级时，也存在部分中介效应。产业协同集聚过程中，一方面，各种要素流动，知识溢出效应促进资源优化配置；另一方面，生产性服务业通过为制造业提供研发、设计、供应链管理、信息化服务等，两种产业融合，逐渐实现制造业的智能化和服务化，促进产业结构升级，进而提高绿色全要素生产率。

（3）面板门槛模型的估计结果

基于人均 GDP、FDI、城市规模等门槛变量，长江经济带产业协同集聚对绿色全要素生产率增长的门槛效应是存在的。当人均 GDP、FDI、城市规模超过门槛值时，产业协同集聚正向影响绿色全要素生产率；但当人均 GDP、FDI、城市规模小于门槛值时，产业协同集聚会负向影响绿色全要素生产率。

基于上述研究结论，本书提出相关政策建议如下：①地方政府应在制度上为提高产业协同集聚水平提供政策支持，有针对性地发展生产性服务业，提高与制造业的匹配度；②把握生产性服务业与制造业协同集聚的空间结构特征，合理规划城市群的产业空间布局，发挥绿色经济的空间溢出效应；③构建政府、企业、学校及科研机构共同参与的绿色技术创新机制，优化资源配置，推动产业深度融合，促进产业结构升级，把握协同集聚的中介机制，推动绿色经济发展；④针对城市规模、人均 GDP、FDI 的门槛效应的异质性，合理规划，实现跨越式发展。

著者

2022 年 10 月

目　录

产业协同集聚对绿色全要素生产率的影响研究——基于长江经济带的数据

绪　论

一、研究背景和研究意义

（一）研究背景

1. 绿色全要素生产率已成为衡量经济发展质量的重要指标

改革开放后，我国经济发展日新月异，成绩斐然。但在发展过程中，工业生产主要依靠高投入，能源利用效率偏低，资源的限制与环境污染问题日益严重，经济发展遇到了挑战。随着我国经济增速放缓，进入新常态，必须转变过去粗放型的经济增长模式。绿色发展是解决当前资源、环境制约问题，满足人民群众对美好生活需要的必然选择。"十四五"期间，我国经济和社会发展的主要任务是既要取得经济发展的新成果，又要实现生态文明的新发展。在战略上，要以国内经济运行为基础，在全球要素资源中形成一个强大的引力场，促进国内国际双循环发展。这一系列文件都充分反映了我国对绿色发展的重视。在倡导绿色发展这一大的时代背景下，绿色全要素生产率指数这一指标，结合经济增长和生态环境两个方面的因素，成为高质量经济发展目标下，新的衡量经济发展状况的标准，受到广泛关注。

2. 产业协同集聚发展是实现绿色发展的新思路

改革开放以来，中国凭借要素驱动、投资驱动，实现了经济的跨越式发展，GDP 跃居世界第二位。在工业化发展过程中，中国实行了"单轮驱动"的制造业发展战略。1978 年，我国第二产业的产值占 GDP 的比重首次超过 40%。中国制造业在国民经济中占有举足轻重的地位，其发展提升了国家的整体经济实力。中国曾经依靠廉价的要素价格优势，制造业通过国际代工进入了国际分工体系，"两头在外"的外向型发展模式发挥了很大的作用。但发达国家掌握着产品的研发、设计、营销等高附加值的环节，而低附加值的非核心零件生产和装配的生产环节则外包给发展中国家，发达国家控制着全球产业价值链，我国面临着价值链的低端锁定。近年来，我国的产业发展模式遭到了挑战。一方面，中国的人口和劳动力红利正在减退，印度、巴西、中美洲及东南亚等国家和地区的兴起，使得中国的制造业重心开始向这些后发的工业化国家转移；另一方面，长期依靠廉价劳动力和原材料的粗放型经济增长模式，给我国的经济发展造成了巨大的资源压力和环境压力。2008 年金融危机之后，世界各大经济体要么恢复缓慢，要么陷入衰退。2020 年新冠肺炎疫情席卷全球，更是让各国经济陷入困境。

面对外部环境的恶化，中国作为制造业大国，亟须摆脱"大而不强""低端锁定"的困局，制造业需要由"要素驱动"转变为"技术创新驱动"，从传统的劳动密集、低成本的生产模式向以技术、品牌、服务等为主的生产模式进行全方位的提升。可以借鉴经验的典型性事实是，在 2008 年金融危机之后，美国实施了"再工业化"战略，德国实施了"工业 4.0"计划，都是制造业和生产性服务业协同发展的"双轮驱动"模式。由此可见，协同是未来制造业发展的趋势。生产性服务业是一种高人力资本、高融合度的产业，和制造业之间的产业协作可以提高技术效率和生产效率，从而形成融合创新的推动力。并且，产业协同可以通过行业之间的相互融合与渗透，带来许多新的产品、服务和技术，这不是产业替代，而是向产业链两端延伸，从而优化产业结构。近几年来，第三产业的比重持续稳定增长，2013年第三产业的比重首次超越了第二产业，到2015年，第三产业的比重首次突破了50%①，这也为产业的协同发展提供了现实条件。制造业和生产性服务业在一些城市呈现出协同集聚的现象，产业集聚具有明显的规模经济特征，在生产过程中会产生竞争效应、学习效应等多种溢出效应，有利于企业集中生产、集中经营、集中治污，这能有效减少对环境资源的消耗，从而提高资源利用率，改善区域生态环境。

3. 长江经济带产业协同集聚对绿色发展的内在作用机制有待检验

从发展战略的角度来看，中国近年来实施的长江经济带等发展战略，其实质就是要以集聚经济的正外部性来提高经济发展的质量和效益。从实际情况来看，长江三角洲等城市群是集聚经济的外在体现。长江经济带是以长江黄金通道为基础，总面积达205万平方千米，约占全国国土面积的21%，承载了全国约40%的人口和经济。长江经济带承接东西、地域广阔，制造业集聚区、生产性服务业集聚区较多（袁一仁，2019）。长江经济带集中布局了钢铁、石化、汽车、机电等一大批重要产业，对环境造成了很大压力。为促进长江经济带的绿色、高质量发展，国家和地方相继制定了10多个专项规划，包括《长江经济带发展规划纲要》以及10多个相关领域的政策文件，对长江经济带的绿色发展指明了方向。有数据表明，长江经济带在产业协同集聚发展过程中，也伴随着环境的改善。这两者之间是否存在相关关系？其内在作用机制是什么？这就需要我们进行相关的理论和经验研究，从而为环境污染治理提供经验借鉴。

---

① 根据各年的《中国统计年鉴》数据资料整理得到。

（二）研究意义

基于上述分析，本书拟以长江经济带城市数据，分别构建指标测算产业协同集聚指数和绿色全要素生产率指数，在此基础上，既从理论上探讨产业协同集聚对绿色经济的作用机制，又将构建计量模型来检验其影响机制。具体而言，这一研究的理论意义和现实意义体现在以下方面：

1. 理论意义

（1）完善了产业集聚理论体系

传统的产业集聚理论更关注单一产业的集聚，如制造业的集聚或高新技术产业的集聚等，是专业化的集聚类型。近年来，学者们逐渐关注到产业的多样化集聚，但对生产性服务业与制造业的协同集聚研究还有所欠缺，集聚理论的应用范围受到限制，研究的范围及深度还有待拓展。本书以这两种产业的协同集聚为研究对象，有利于深层次挖掘集聚理论，从而补充集聚的基础研究。

（2）进一步拓展了全要素生产率理论

传统的全要素生产率更侧重于效率的提高，仅考虑资源的约束，而忽视了生产带来的环境负影响。区别于传统的全要素生产率，绿色全要素生产率作为一种衡量指标，把经济增长和资源环境放入同一个体系，进一步完善了全要素生产率的理论。在研究绿色全要素生产率的理论中，已有研究更加侧重于关注产业结构、人力资本、技术创新等方面对绿色全要素生产率的影响；本书以生产性服务业与制造业协同集聚为出发点展开研究，进一步完善了绿色全要素生产率理论。

2. 现实意义

（1）有利于满足当前绿色经济发展的需要

我国在经济发展中，面临着国际、国内双重压力。在国际上，自巴黎气候大会以来，我国作为能源消费大国，一直致力于承担起节能减排的责任，制订了减少碳排放的中长期计划，2021 年又进一步提出了碳达峰和碳中和的目标。在国内，改变经济增长方式迫在眉睫，我国低劳动成本的优势正在逐渐丧失，传统的经济增长方式表现为高投入、高能耗、高排放，环境污染问题日益严峻。因此，在资源约束条件下，我国亟须改变现行的经济增长方式，从高要素投入转向高技术投入，实现绿色可持续增长。这一新的经济增长方式符合新时代经济高质量发展的要求，也和绿色发展的理念密切相关且相互契合。

（2）有利于为城市的产业布局提供政策支持

深入分析各城市在生产性服务业和制造业协同集聚方面的空间分布形态，其基本目标在于最大限度地利用其"互补效应"，使其在实施"双轮驱动"发展的同时，能够更好地规划和优化产业布局，一方面使各城市产业结构更加合理，另一方面有效释放集聚经济的环境正效应。本书从产业协同集聚视角出发，通过构建相关指标体系，以 2008—2019 年长江经济带为研究样本，在测度产业协同集聚指数和绿色全要素生产率指数的基础上，分析产业协同集聚的绿色效应，除了分析长江经济带的总体样本以外，还比较分析了长江经济带内部三大城市群的异质性。这有助于地方政府根据当地产业分布现状来实施差异化的产业政策；同时，也有助于缩小区域间的绿色全要素生产率差距，实现区域协调发展。

二、相关概念的界定

（一）生产性服务业

1. 生产性服务业的界定

对"生产性服务业"的概念，多位学者进行了相关研究。美国学者格林菲尔德（Greenfield，1966）指出，生产性服务业被用于其他生产行业、商品销售和服务，而非最终消费服务业。丹尼尔斯（Daniels，

1985）指出，生产性服务和消费服务的终端消费者是不一样的。美国学者布朗宁和辛格曼（Browning and Singelmann，1975）认为，生产性服务业包括金融、法律和保险等知识密集型产业，可以保证工业生产的连续性，提高工业技术和生产效率。此后，学者们的研究进一步发展和深入。科菲（Coffey，2000）认为，生产性服务业是提供商品和服务的一种中间投入。戈德曼和斯蒂德曼（Goodman and Steadman，2002）等的研究表明，生产性服务是指在 60% 以上的中间需求率。顾乃华等（2006）提出，生产性服务业是一种为其他产品提供中介服务的企业。总结起来，从本质上讲，第一，生产性服务业是一种从制造业内部逐渐分离、独立发展起来的新兴行业，它贯穿于生产的上游、中游和下游，是依赖于制造业并对其提供直接支持的行业；第二，从产业属性来看，生产性服务业不仅是技术密集型产业，而且是资本密集型产业，具有较高的知识含量；第三，生产性服务业是中间产品，而不是最终产品。

综合相关文献，根据目前长江经济带城市群的产业发展的趋势特点，同时考虑实证检验中数据的可获得性问题，本书选取以下五个行业作为生产性服务业的具体构成部分：①科学研究和技术服务行业；②信息传输、软件和信息技术服务行业；③交通运输、仓储和邮政等行业；④租赁和商务服务行业；⑤金融行业。

（二）制造业的界定

制造业，也就是加工工业，是指在机器大工业时代，将大量的生产资源（包括设备、材料、技术、能源、资金、工具、信息、人力等）用作生产最终消费品和工业品的产业。通常来说，制造业可以分为两大类：一类是原材料产业；另一类是加工产业，对农业、矿业和工业产品进行深度加工。1984 年，我国颁布了国民经济的行业分类，随后在1994 年、2000 年、2011 年、2017 年进行了多次修改，按照国民经济的产业类别划分,将编号为 13~43 类产业纳入其中。根据《国民经济行业分类》国家标准,对 13~43 区间内的两位数编码产业进行了定义,并对 31 个产业进行了定义。制造业是第二产业的主要构成部分,在过去的几年里,制造业是拉动经济发展的重要力量,同时也是经济转型的重要基础。制造业是长江经济带地区的主导产业,在生产性服务业推动下,生产效率得以提升,实现转型升级,走向智能制造,产业结构逐步高度化发展到以第三产业为主。

(三) 产业集聚与产业协同集聚

1. 产业集聚

产业集聚是一种产业在空间上的分布形态。产业集聚是指企业在特定的地理范围内集中,这些企业拥有相同或相似的知识或技术,并且生产相同或相似的产品。克鲁格曼 (Krugman,1991) 认为,集聚就是相同或者相近的产业部门向某一区域集中或分散的现象。这一定义在地理科学领域被广泛应用,因其对一个地区的产业布局、产业规划产生重要的影响作用,也受到产业经济学界的高度重视。

2. 产业协同集聚

产业协同集聚与产业集聚是既相关又有所不同的两个概念。产业协同集聚是在产业集聚的基础上发展出来的,是产业集聚的延伸。从研究的范围来看,早期的产业集聚主要研究单一产业,如专门研究制造业集聚,是一种专业化的集聚形式。而产业协同集聚则侧重于研究多个产业在空间上的集聚,如本书的协同集聚主要研究制造业和生产性服务业两种产业的集聚。产业之间的关联形式主要分为水平关联和垂直关联。因此,产业协同集聚大体上也有两种类别:一种是基于水平关联的企业集聚,如制造业内部各行业的集聚;另一种是基于垂直关联的企业集聚,如制造业和生产性服务业两种产业之间存在上、下游的投入产出关系的集聚。协同集聚的特点如下：①属于多个产业之间的集聚；②产业之间存在上下游投入产出的联系，产生知识外溢、共享劳动力等外部性；③集聚的企业在不同的空间上合理分布，有机联系，协同发展，发挥互补效应，实现利益最大化。

（四）传统全要素生产率与绿色全要素生产率

1. 传统全要素生产率

经济运行的核心问题是效率问题，经济学研究的重点是如何高效地使用稀缺资源以达到提高经济效率的目的。生产率是指在生产产品或提供服务的过程中，对劳动、资本、土地、能源、企业家才能等各种生产要素的使用效率。生产率是动态的，反映各个阶段的技术进步和技术效率的变化。新古典经济学派的索洛增长理论，就是基于经济增长核算方程，把效率看作除了劳动力和资本的投资增加之外的其他因素，这个其他因素被认为是技术进步率，即全要素生产率。全要素生产率可以看成某一生产单元在某一段时间内所获得的全部产量与全部要素或资源的投入比值，如劳动生产率或资本-产出比。这一指标主要体现了劳动力、资本、能源、土地等有形投入要素的增加，也体现了无形的技术进步和技术效率的提高等。

2. 绿色全要素生产率

传统经济学理论中，全要素生产率是推动经济发展的重要动力来源，但它只考虑了资本、劳动等要素的投入，在衡量经济效率时没有考虑能源、环境等因素。随着环境污染问题的加剧，生态环境已经成为一个不容忽视的因素。它不仅是影响经济发展的一个内生变量，还是经济发展的一个很大的刚性约束条件。"绿色经济"的概念应运而生。其重点是环境保护和可持续发展，提倡把经济作为一个特定的指标，与生态环境政策相结合，以期在经济发展过程中关注环境问题，经济发展不能盲目追求产出的增加。对绿色经济的研究，侧重于在研究经济发展时，以改善和治理生态环境为切入点。对绿色经济的发展状况，需要一个指标进行衡量，于是，出现了绿色全要素生产率。绿色全要素生产率就是一种在环境和资源制约下的全要素生产率，是对传统的全要素生产率的一种完善。绿色全要素生产率作为一种新的经济发展动力，把能源消费与环境污染问题与经济增长归于同一个分析系统，是对传统全要素生产率的一种修正，它可以更精确、更合理地评价一个国家或地区的经济增长绩效和可持续发展状况。

三、研究思路和研究内容

（一）研究思路

在梳理以往研究成果的基础上，本书从产业协同集聚和绿色全要素生产率的发展现状出发，落脚于研究两者的关系。本书致力于解决三大问题：一是，产业协同集聚影响绿色全要素生产率的理论机制是什么？二是，这种影响通过何种路径实现？三是，在外部环境因素条件发生变化时，这种影响的程度和方向会发生何种变化？本书从理论上深入分析产业协同集聚对绿色全要素生产率的影响机制，并提出本书的研究假说，进一步对这些假说进行实证检验，最后提出政策建议。本书的研究思路如图 0-1 所示。

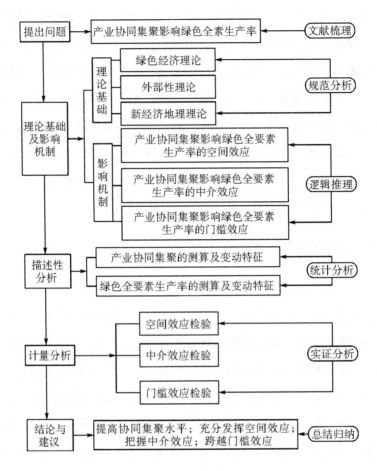

图 0-1 研究思路

（二）研究内容

本书各章具体内容如下：

绪论，本部分首先拟结合经济发展的突出问题提出本书研究的背景和意义；其次，对本书中涉及的相关概念进行介绍，并着重说明研究思路和各章的主要内容，以及采用的研究方法；最后对本书的创新点进行了说明。

第一章，文献综述。本部分在对文献研读的基础上，对产业协同集聚和绿色全要素生产率的相关文献进行了梳理,并对相关文献进行评述,总结现有研究可能存在的不足之处,找出本书的研究切入点。

第二章,产业协同集聚影响绿色全要素生产率的内在作用机制。本部分首先阐述外部性理论、新经济地理理论等与本书有关联的理论基础,其次构建本书的理论分析框架,分别从空间效应、中介效应、门槛效应的理论机制三个方面,分析两者之间产生影响的内在逻辑,并在理论分析的基础上提出本书的假说,为本书后续章节对产业协同集聚与绿色全要素生产率关系的分析提供理论支撑。

第三章,产业协同集聚的测算以及时空变化特征分析。本部分首先构建计算产业协同集聚的指标;其次,以长江经济带 70 个城市为研究样本,测算出制造业与生产性服务业的产业间协同集聚水平,并分时间、分区域对产业协同集聚的基本特征事实进行分析;最后,针对长江经济带内部的长江三角洲城市群、长江中游城市群和成渝城市群的产业协同集聚的发展趋势,进行了系统的比较分析。

第四章,绿色全要素生产率的测算以及时空变化特征分析。本部分在总结绿色全要素生产率指数测算方法的基础上,基于超效率 SBM 生产率指数,测算长江经济带 70 个城市绿色全要素生产率水平,并分时间、分区域对绿色全要素生产率的基本变化趋势进行分析。

第五章,产业协同集聚影响绿色全要素生产率的空间效应检验。本部分考虑城市经济之间空间因素的影响,借助空间计量分析工具,对两者的关系进行空间效应分析。在进行空间效应分析时,首先,检验两者之间是否存在空间相关性;其次,基于长江经济带总体样本数据,构建空间计量模型,对空间效应进行检验、分解;最后,深入长江经济带内部三个城市群,比较分析不同城市群的空间异质性。

第六章,产业协同集聚影响绿色全要素生产率的中介效应检验。本部分是对影响机制进行实证检验，采用的分析工具是中介效应模型。本章主要分为两个部分：第一部分是以技术创新为中介效应的影响机制分析，第二部分是以产业结构升级为中介效应的影响机制分析。在分析的顺序上，先总体、后局部，先对长江经济带总体进行实证检验，再对三大城市群的异质性进行比较分析。

第七章，产业协同集聚对绿色全要素生产率的门槛效应检验。本部分先后以人均 GDP、FDI 和城市规模为门槛变量，构建面板门槛模型，进一步深入分析当外在环境因素发生变化时，产业协同集聚与绿色全要素生产率两者之间可能的非线性关系。

第八章，对全书的总结和政策建议。结合前面的理论与实证研究，对全书进行总结，同时对我国"双轮驱动"的发展策略和实现区域协调发展提出一些政策建议。此外，本书的结尾部分还提出了本研究的不足和未来的努力方向。

四、研究方法

本书遵循从抽象到具体的逻辑思路，研究方法主要包括：

1. 文献研究法

通过对现有的国内外文献的搜集和系统的梳理，深入研究与本书关系密切的重要文献资料，比较分析相关文献的研究方法和研究结论，在归纳总结的基础上，找出已有相关文献研究的薄弱点，挖掘有研究价值的主题，以期进一步深入分析，对已有研究进行补充。

2. 规范分析与实证分析相结合

在阐述绿色全要素生产率内涵的基础上，依据新古典经济学中的外部性理论以及新经济地理理论，从多个角度分析产业协同集聚影响绿色全要素生产率的内在机制，属于理论分析法的典型应用。充分把握资源和环境的制约因素，建立一个基于产业协同集聚效应的理论体系。在实证分析中，综合采用基准模型、空间计量模型、中介效应模型，从总体和局部对产业协同集聚影响绿色全要素生产率进行实证检验。

3. 定性分析与定量分析相结合

定性分析中主要是对绿色全要素生产率和产业协同集聚的概念进行界定。在定量分析中主要是构建指标来测算协同集聚和绿色全要素生产率的大小，并利用长江经济带数据，构建空间计量模型、中介效应模型以及面板门槛模型，对产业协同集聚在推动绿色全要素生产率方面的影响进行检验。

第一章 文献综述

根据本书的研究内容，本章将从产业协同集聚、绿色全要素生产率和产业协同集聚影响绿色全要素生产率三个方面对已有研究成果进行综述。

第一节 产业协同集聚的相关研究

生产性服务业是一种内生于制造业的产业，且其分工的历史较短。本书梳理现有关于产业协同集聚的相关文献后发现，国内外学者对生产性服务业与制造业协同集聚的研究尚不够深入，该领域的研究主要聚焦在产业协同集聚是否存在及如何测度、产业协同集聚的内在作用机制、产业协同集聚的影响因素以及产业协同集聚的影响效应四个方面。

一、产业协同集聚的存在性及测度

（一）产业协同集聚的存在性

传统产业集聚的研究，侧重于分析同一行业内企业的空间相邻（集中）的模式以及集聚效应。艾利森和格莱赛（Ellison and Glaeser，1997）首先注意到了不同的行业间的空间集聚，指出了产业的协同集聚不仅是单个产业的空间集聚，而且是不同产业趋向于在空间上相邻。在产业协同集聚过程中，不同产业间往往存在一定的联系，如垂直关联或是水平关联等。波特（Porter，1998）认为，没有哪一座城市的行业是单独发展的，不同行业往往会集聚在一起。巴利奥斯（Barrios，2003）利用爱尔兰27年的就业数据，对制造业和生产性服务业的产业集聚状况进行了测算，发现两种产业的协同集聚指数整体是提高的。柯尔克（Kolko，2010）对美国的制造业与服务业进行了分析，结果显示，服务业的集聚程度超过了制造业。伽尼（Ghani，2016）利用印度数据进行了实证分析，结果表明，制造业和服务业的集中度较高，制造业倾向于向大城市集聚，而大城市通常也集聚着大量的生产性服务业。

国内学者也对此进行了深入的研究。吉亚辉和段荣荣（2014）利用全国各省份的数据进行实证研究，发现制造业和生产性服务业之间存在着双重集聚的特点。江曼琦和席强敏（2014）基于产业间存在投入产出关联的特点，发现生产性服务业中的信息、科技类行业与制造业之间有高的协同集聚程度，这能显著降低制造业生产中的交易成本。陈晓峰（2016）以长江三角洲为研究样本，认为制造业和生产性服务业这两大产业存在协同集聚，并在价值链和城市异质性影响下，存在互补和挤出两种集聚效应。原毅军和高康（2020）发现，我国制造业和生产性服务业的协同集聚都表现为"中心-外围"的空间结构，并表现出显著的空间集聚特点。苗建军和徐愫（2020）利用长江三角洲30个城市的数据进行了实证分析，结果表明，各大区域的协同集聚状况存在异质性，而协同集聚状况与城市各单个产业集聚状况有关。

（二）产业协同集聚的测度方法

现有文献对产业协同集聚进行了大量研究，但至今还没有一个统一的衡量生产性服务业与制造业协同集聚的测度方法。目前，国内外的研究多以灰色 GM（1，N）模型、耦合协调模型、投入产出模型、D-O指数、E-G 指数、产业间协同集聚指数等进行测度。

从实证研究成果来看，江曼琦和席强敏（2014）采用产业间集聚度的简化计算式，运用产业间的投入产出法，对上海市 18 个区域的生产服务业和制造业的综合集聚度进行了测算，并对这些集聚度进行了分类。陈晓峰（2014）利用的是区位熵的方法计算协同集聚，研究发现，在中国东部沿海区域，不同省份的产业集聚度差距很大。唐晓华等（2018）运用灰色 GM（1，N）模型对制造业和生产性服务业的协调发展进行了量化分析，并运用门槛模型回归分析方法，分析了二者之间的非线性关系。孙正等（2022）选用行业分类数据，应用灰色 GM（1，N）模型，测算生产性服务业与制造业的协同指数，认为两种产业的融合模式是城市群内部之间的协同集聚，而过去是由单一城市或地区为主。李宁和韩同银（2018）采用耦合协调方法，对京津冀的制造业和生产性服务业的协调发展程度进行了实证分析，与同期相比，北京的生产性服务业和制造业的协同发展速度较慢，而天津的生产性服务业和制造业的协同发展速度较快。

二、产业协同集聚的内在作用机制

产业协同集聚只是一种外在的表现形式，而集聚是如何在产业内部之间形成的仍是一个未解之谜。目前，制造业与生产性服务业协同集聚的相关文献，多是从马歇尔的外部性理论和克鲁格曼的"中心-外围"模型出发，展开相关的研究。

（一）以马歇尔外部性理论为基础的作用机制

马歇尔（1920）认为，"中间投入""共享劳动"和"知识外溢"是产生集聚的主要因素，也产生了外部经济。外部规模经济为产业间的集聚提供了理论依据。雅各布斯（1969）指出，多样化外部性在主体层次上的差异更为显著，而多样化的外部性要想提高规模效益，就必须要有内部的产业协同集聚。埃里森（Ellisonetal，1997）研究了美国制造业的集聚，认为上下游产业的联系、劳动力池和知识外溢是影响集聚的重要因素。埃里森（Ellisonetal，2010）首次建立了产业协同集聚指数，研究美国的产业集聚，认为创新、共享劳动力市场、信息交换以及中间投入品与最终产品供应商的联系是影响集聚的重要因素。加拉格尔（Gallagher，2013）在假设信息运输成本和物理运输成本是不同的条件下，对埃里森的结论进行了论证。

基于马歇尔外部性理论，国内学者也进行了深入研究。陈国亮（2010）认为，制造业和生产性服务业的"双集聚"是因为二者存在着一定的关联，而且主要是垂直关联。胡晓鹏和李庆科等（2009）的研究发现，制造业、专业技术人才的集聚和生产性服务业集聚是相互促进的。韩清等（2020）发现，对产业协同集聚的最大影响是自然禀赋，且马歇尔的外部性对产业集聚的形成有明显的拉动效应。郝永敬和陈思宁（2019）对长江中游地区的31个城市进行了系统 GMM（高斯混合模型）的实证分析，研究结果表明，协同集聚效应的强弱取决于当地技术创新能力的高低。

（二）以克鲁格曼"中心-外围"理论为基础的作用机制

克鲁格曼（Krugman，1991）从空间的视角研究产业集聚，建立了CP 模型，被称为"中心-外围"模型，对区域内经济活动的微观机制进行了研究，解释了为何某一国的制造业会在某一区域形成"中心"，而在另一区域成为"外围"。维纳布尔斯（Venables）把 CP 模型进行了拓展，提出了 CPVL 模式，其最重要的理论创新之处就是从产业之间的垂直关系出发，指出产业之间的需求和成本关系是导致产业集聚形成的重要因素，并将生产性服务业引入"中心-外围"模式，提出了新的模式，即生产性服务业集中于中心城区，而制造业集中于周边地区。安德森（Andersson，2004）基于产业间的垂直关联关系，将生产性服务业纳入研究的框架，研究生产性服务业和制造业的协同定位问题，结论认为，二者在空间分布上，互为彼此的函数。

基于克鲁格曼的"中心-外围"理论，国内学者的研究主要是从城市空间联系的角度进行。陈晓峰和陈昭锋（2014）通过对东部沿海区域的经验分析，得出了东部沿海地区的区域间协同集聚存在着很大的区域差异，并且这种集聚具有路径依赖。郭然和原毅军（2018）的研究从技术外部性视角，发现了技术创新与生产性服务业集聚、制造业集聚间都存在非线性关系。赵景华等（2018）以京津冀城市群为研究对象，对生产性服务业与制造业的产业联系和空间互动进行定量分析，发现供需关系是形成协同集聚的主要原因。刘胜和陈秀英（2020）利用中国工业企业数据，从产业链和地理耦合的角度，分析产业协同分布格局对全球价值链分工地位的影响。

三、产业协同集聚的影响因素

学者们对产业协同集聚的影响因素进行了大量的研究。

1. 产业关联的影响

现有研究中，学者们一致认同产业协同集聚的基础是建立在生产性服务业和制造业的产业关联上的。陆剑宝（2013）的研究结论表明，制造业集聚在省级、市级层面对生产性服务业集聚有显著影响和带动作用，而且成为生产性服务业的集聚的主要的影响因素。盛丰（2014）构建了理论模型来分析生产性服务业集聚在拉动制造业升级方面的影响机制，实证研究发现，生产性服务业集聚显著正向影响制造业升级，并且这一影响外溢到周边区域的制造业升级。

2. 空间因素的影响

产业集聚的发展离不开空间，空间外部性、交通成本、规模经济等能够决定空间集聚的因素，通过不断优化产业空间布局，可以降低企业发展成本，增加企业之间的"面对面"接触，缩短时间和空间的距离，加快要素在空间上的流动，从而推动产业的集聚。陈建军和陈菁菁（2011）发现，无论是从城市还是从城市群来看，不同产业都存在着"互补"与"挤出"的空间关系。张虎和韩爱华（2018）以285个城市为研究样本，得到了制造业和生产性服务业的协同集聚具有空间外溢和空间反馈的结论。

3. 技术创新、知识溢出、政府行为等因素的影响

技术创新、知识外溢、政府行为等诸多社会因素对产业集聚的形成具有重要的作用。陈国亮和陈建军（2012）构建了第二、三产业的共同集聚指数，发现交易成本、产业关联、知识密集程度等因素能够显著影响第二、三产业的共同集聚。席强敏（2014）以天津市为例，对外部性的集聚作用进行了实证分析，认为中间产品投入、知识溢出和共享劳动力市场对协同集聚存在显著影响。高寿华（2018）的研究结果显示，政府行为、城镇化、创新能力和互联网技术都会影响生产性服务业和制造业的协同集聚。张虎（2019）运用空间计量模型对生产性服务业与制造业协同集聚的空间溢出进行了分析，发现相邻区域的技术创新、知识溢出、科技创新和层级分工程度均对生产性服务业与制造业协同集聚起到提升作用。

四、产业协同集聚的影响效应

生产性服务业与制造业协同集聚的相关研究主要集中在协同集聚对

区域经济增长、制造业效率的影响方面。近年来也出现了一些对区域创新、就业、城镇化等方面的影响研究。

1. 产业协同集聚对经济发展的影响

学者们对产业协同集聚对城市经济增长、区域经济发展方面的影响展开了广泛的研究。刘叶等（2016）以2003—2012年中国285个大城市为研究样本，探究其产业协同集聚效应。研究发现，产业协同集聚与经济增长存在非线性关系，而且这种关系受到城市规模的影响。周明生和陈文翔（2018）以长株潭城市群2003—2015年数据为研究样本，得到相似结论，认为受城市规模影响，协同集聚和经济增长具有显著非线性关系。陈子真和雷振丹（2018）通过实证分析，发现基础性生产服务业在与制造业的融合过程中，能显著影响区域经济发展；异质性检验发现，相比于中小规模城市而言，规模较大的城市对产业协同的影响程度更大。吕平和袁易明（2020）以高技术制造业与生产性服务业的协同集聚为例，利用省份数据为研究样本，分析了产业协同集聚对经济高质量发展具有显著的促进作用，并且技术创新在其中发挥中介效应。金浩和刘肖（2021）利用省份数据，研究结论认为，产业协同集聚对经济增长具有促进作用，除了这一直接作用外，还可以通过技术创新的中介效应，对经济增长的发挥起间接作用，且通过区域创新产生的中介效应大于传统的产业协同集聚，由此可见，经济增长方式在向创新驱动方向转变。

2. 产业协同集聚对产业结构的影响

学者们研究了产业协同集聚对产业结构的影响。王春晖和赵伟（2014）认为，产业协同集聚能够通过区域开放来影响经济的正外部性，进而引起经济绩效的提高和产业结构升级。夏后学等（2017）通过对2008—2014年中国30个省份的工业数据进行实证分析，发现非正式环境管制下的产业协同集聚能够有效改善产业结构，加快产业结构合理化，但两者之间存在明显的非线性特征。而周小亮和宋立（2019）的研究结论认为，产业协同集聚有利于产业结构升级，产业协同集聚能够有效促进产业结构合理化，并且与产业结构高级化呈现倒 U 形的关系。王燕和孙超（2019）采用动态系统 GMM 分析了我国各省份高新技术产业与生产性服务业的协同集聚，研究结论认为，产业协同集聚产生的要素耦合效应以及共生经济效应能够促进产业结构合理化，并且能促进产业结构高级化，高级化的过程则是通过产业链不断延伸以及产业间的互补性来实现的。

3. 产业协同集聚对制造业效率的影响

学者们研究了产业协同集聚对制造业效率的影响问题。沙希德（Shahidf，2008）考察了亚洲城市群的集聚，认为生产性服务业在与制造业的协同集聚过程中，能够使制造业的效率提升有质的飞跃。刘叶和刘伯凡（2016）则通过考察中国 22 个城市群，利用系统 GMM 进行实证检验，发现协同集聚能有效提升制造业生产效率，在这一过程中，技术进步发挥了关键作用，并且这种促进效应在不同城市群中存在显著差异。刘玉浩等（2018）以 2006—2015 年全国省份数据为研究对象，利用系统 GMM 实证研究发现，生产性服务业与制造业协同集聚和制造业效率之间存在倒 U 形关系。邢会等（2021）在考虑要素以及制度禀赋差异的前提下，以 273 个城市为研究样本，研究发现，制造业全要素生产率和产业协同集聚之间存在 U 形关系。罗良文和孙小宁（2021）选择制造业上市公司为研究样本，认为生产性服务业与制造业的集聚对劳动密集型制造业企业的全要素生产率呈 U 形关系，而对技术密集型制造业企业的全要素生产率有线性的促进作用。

4. 产业协同集聚对区域创新的影响

在区域创新维度上，倪进峰和李华（2017）的实证研究表明，协同集聚会正向影响创新过程，人力资本在其中存在门槛效应。人力资本的阈值为 0.088 6 时，对创新能力显示出先促进后抑制的作用。吉亚辉和陈智（2018）采用省级层面数据，空间计量的模型的估计结果证明高技术制造业和生产性服务业的协同集聚能够提高区域创新能力。汤长安和张丽家（2020）以中国省份数据为样本，用 ESDA 分析法，研究认为，制造业与生产性服务业协同集聚对于地区技术创新有显著的促进作用。刘军等（2020）基于 2009—2016 年中国省份数据，得到的结论是，产业协同集聚能显著提升区域绿色创新效率，并且这一影响在东部地区比在中西部地区更大。纪祥裕和顾乃华（2020）以 277 个城市为研究样本，研究发现，协同集聚对提高城市创新水平有促进作用，并且其影响渠道是创新资源的优化配置和市场规模的扩大。

2. 产业协同集聚对城镇化方面的影响

对城镇化影响方面，伍先福和杨永德等（2016）采用动态 SAR 模型，实证检验了协同集聚对城镇化的影响。该研究发现，协同集聚对城镇化存在显著的正的促进作用，并且该影响在西部地区作用大于中部地区，在东部地区作用最弱。冯严超和王晓红（2018）利用中国 285 个城市的数据，采用主成分分析法测算出城镇化指数，研究认为，协同集聚对本地城市的城镇化存在"虹吸效应"，但是在全国层面呈 U 形关系。

第二节　绿色全要素生产率的相关研究

一、绿色全要素生产率指数的测算

学者们常用全要素生产率的这一指标来探究经济增长的源泉，但是全要素生产率这一指标并没有考虑产出中的环境污染的负向影响。当前，环境污染形势日益严峻，在倡导发展绿色经济的时代背景下，同时考虑能源投入与污染物排放的绿色全要素生产率这一新的计量指标，成为衡量绿色经济发展的重要参考依据。

（一）测算方法

在计算方法上，目前主要有参数法（代数指标法、索洛余额法、随机前沿法）和非参数法（数据包络法）两大类。参数法中，随机前沿法是最为常用的方法，但需要设定生产函数具体形式，适合计算多种投入但是只有一种产出的效率测算形式，所以常用于没有包含非期望产出的效率测算。数据包络法（DEA）与随机前沿法（SFA）的最大区别在于测算时不需要设定具体的函数形式。使用数据包络法，一方面可以使数据更接近现实；另一方面可以避免因模型设定的偏误带来效率测算的误差。因此，数据包络法这种测算方法更具优势，从而得到了多数学者的青睐。但有学者提出，在经济活动中，有好的产出（期望产出），也有坏的产出（非期望产出，如环境污染）。在 DEA 模型的基础上，考虑环境污染带来的影响，加入非期望产出，提出了 DDF 模型，一种能较好地处理非期望产出下的效率评价问题的方向性距离函数，但由于投入与产出的松弛问题没有得到解决，估计结果不够准确。为了克服以上缺点，基于松弛的效率测度模型，学者们又提出了"非径向"和"非角度"并包含非期望产出的 SBM 模型，大大提高了估计的准确性。

（二）测算的样本选择

从绿色全要素生产率测算的样本选择而言，多数研究是以省份数据作为研究单元的。吴军（2009）以二氧化碳、二氧化硫等指标为非期望产出，用 ML 指标测算了 1998—2007 年中国各省份的工业绿色全要素生产率。李卫兵等（2016）运用 SBM 定向距离函数和 ML 指标对三个主要地区的绿色全要素生产率的外溢作用进行了分析，得出各相邻省份之间绿色全要素生产率具有明显的正向外溢作用，并且东部地区作用最显著。杨志江和文超祥（2017）利用 SBM 模型，对 1999—2012 年中国省级绿色发展效率进行了测算和分析，结果显示，我国的绿色发展效率呈现"先降后升"的趋势，而在 2006 年以后，东部和中西部地区的绿色效率呈现出两极化趋势。曹鹏和白永平（2018）运用超效率 SBM 模型，利用中国各省份 2005—2015 年数据，对促进绿色全要素生产率进行测算。也有学者以城市或产业为研究样本进行了实证分析。陈诗一（2011）从行业视角出发，运用方向性距离函数对 28 个行业的绿色全要素生产率进行了估算。沈可挺和龚健健（2011）把二氧化硫作为非期望产出，对中国能耗高的能源密集型行业的绿色全要素生产率进行了研究。

（三）测算的结果

就实证测算的结果而言，主要有"增长论"与"倒退论"两种绿色全要素生产率的发展趋向。汪克亮（2018）以非径向、投入松弛导向的方向性距离函数为基础，测算出 2000—2009 年全国绿色全要素生产率年均增长 0.68%。王兵（2015）利用 GML 指数计算出 1999—2012 年中国绿色全要素生产率年均上升 1.33%。于善波（2020）基于 SBM-GML 模型，以 2005—2019 年长江经济带省级面板数据为样本进行测算，测算结果是长江经济带省域绿色全要素生产率表现出短期波动，并在 2010 年之后呈逐年递增态势。陈超凡（2016）的研究得到了与于善波（2020）研究相反的结论，测算出的工业绿色全要素生产率表现为负增长。

二、绿色全要素生产率的影响因素

已有文献大多基于省级数据或是城市数据，研究了影响绿色全要素生产率的因素。本书对这些影响因素进行分类、归纳，具体分为经济因素、生产要素和环境规制三个方面。

（一）经济因素方面

1. 经济集聚与绿色全要素生产率

学者们对经济集聚与绿色经济之间的关系展开了深入的研究，但研究结论存在差异。

从已有研究来看，经济集聚对环境的影响会产生负的外部性。因为随着经济活动的集聚，企业生产的密度增加，引起单位空间的污染物排放量增加，对环境污染产生不利影响。维尔塔嫩（Virkanen，1998）的一项调查显示，芬兰南部的工业密集地区大气和水的污染严重。弗兰克（Frank，2001）通过对欧洲 200 个城市集聚区域进行了实证分析，结果表明，工业集聚与空气污染具有明显的正相关关系。有研究表明经济集聚对环境污染有正的外部性，其主要原因是规模经济效应、成本节约和各种外溢效应。陆铭和冯皓（2014）通过城市人口规模差异来描述区域内的空间集聚状态，结果表明，城市人口与经济活动的空间集聚度越高，单位工业产值的污染排放水平越低。

经济集聚与绿色全要素生产率之间的关系可能是非线性的。岳书敬等（2015）的研究认为，市场化作为调控变量的前提下，经济集聚与城市的绿色效率在呈非线性关系。林伯强和谭睿鹏（2019）则指出，经济集聚度应该保持在合理的区域范围，集聚效应大于拥挤效应，对促进绿色经济效率是有利的；反之，集聚效应小于拥堵效应，则会抑制绿色经济效率。从产业结构上来看，第二产业和第三产业的集聚效应与总体集聚效应相似。张可（2017）以中国 285 个城市为研究对象，采用空间联立方程和广义倾向匹配得分方法，对区域经济集聚与环境污染关系进行研究，发现我国经济集聚和环境污染之间是一个倒 U 形的关系，当经济集聚达到某个临界值时，就会产生明显的减排效果。邵帅（2019）以中国 30 个省份的数据为研究样本，运用动态空间面板杜宾模型，得到的结论是经济集聚、能源强度与碳排放量之间呈 N 形结构，而经济集聚、能源强度与人均碳排放量则呈倒 U 形关系，经济集聚达到一定的界值，既节能又可减排。

2. 产业结构与绿色全要素生产率

大量研究成果集中在绿色全要素生产率与产业结构的关系上。多数学者认为，生产要素从低生产率行业向高生产率行业转移，并在这一过程中实现资源要素的最优化配置，能提升整个经济的绿色生产效率。如汪锋和解晋（2015）的研究结果显示，市场化程度的提升和产业结构的优化可以显著地推动中国的绿色全要素生产率的增长；彭继增等（2020）根据各省份的统计数据，发现产业结构的高级化与当地的绿色经济效率之间存在着显著的正相关关系，其空间溢出对周边区域的绿色经济产生了正面的影响；张军涛和范卓玮（2021）采用计量经济学方法，利用东北 34 个城市的数据进行实证检验，发现产业结构合理化通过生产技术效率的提高，拉升了绿色全要素生产率；任阳军等（2020）认为，资源型产业的空间集聚对区域内的绿色全要素生产率有较大的消极作用，但对于其他区域而言，集聚对绿色全要素生产率的外溢作用是正向的。

3. 城镇化发展与绿色全要素生产率

城市化的实质是城市人口的集聚，同时也是资本、劳动等生产要素的集聚，随着人口在某一地域的集聚，城镇化带来外部性经济，产生对城市规模扩张的需求，推动城市发展，带来资金、技术的优化配置，能促进全要素生产率的提高。国内外学者对城镇和绿色全要素生产率之间的关系进行了实证分析，结果表明，城市化能够促进绿色全要素生产率的发展。范建双等（2017）采用省份数据进行研究，研究结论认为城镇化本身能正向促进绿色经济效率提升，并且人口集聚程度、人力资本积累和产业结构在其中起到中介效应。方齐云和许文静（2017）的研究结论认为，从空间总的效应来说，城镇化对绿色经济效率影响的总效应是显著为正的，其中，本地效应为负，邻地效应为正。郑强（2018）通过空间和时间维度对我国各省份的绿色经济效率进行了实证研究。研究发现，受到空间外溢的影响，城镇化能提升我国绿色经济的效率。

4. 外商直接投资与绿色全要素生产率

在全球一体化进程中，外商直接投资在资本积累、技术创新、进出口贸易和经济发展等方面起到了积极作用。但由于外商直接投资的大量流入，发展中国家面临着资源问题和环境问题，由此产生了各种假说。

第一，"污染庇护所"假说。这种假说认为，发达国家通过 FDI 的途径，将高能耗的产业转移到环境管制相对薄弱的国家，阻碍地方的绿色发展。李斌（2016）采用动态 GMM 方法对 2003—2013 年度的面板数据来研究 FDI 和财政分权以及其交互项对城市的绿色全要素生产率的影响，发现 FDI 对绿色全要素生产率的影响效应为负。

第二，"污染光环"假说。李金凯等（2017）认为，FDI 不仅可以提供先进的洁净技术、更高的环境质量，而且可以通过示范效应、行业关联效应、竞争效应、人员流动等途径优化引入外商投资国家的清洁技术，提高其资源利用率，进而促进其绿色发展。周杰琦和张莹（2021）认为，FDI 在整体上促进了我国的绿色经济发展，这主要是因为经济集聚增强了 FDI 的产业结构效应，并强化了其在减少污染方面的技术效应。沈可挺（2011）发现，能源效率、环境政策、资金流入等因素有利于提高绿色经济效率。吴传清等（2020）对长江经济带 11 个省份的绿色经济效率进行了实证分析，发现经济效率存在明显的空间自相关，其经济发展水平、对外开放程度等因素均对其绿色经济效率起到了积极的促进作用。

第三，外商直接投资和绿色发展之间存在着一种复杂的非线性关系。一些学者从经济规模、工业结构、技术进步、环境监管等角度探讨了外商直接投资对我国绿色发展的作用机理（周杰琦、汪同三，2017）。傅京燕等（2018）发现，不同来源的外商投资产生的影响效应不同，环境规制与 FDI 的交叉项对绿色全要素生产率有促进作用。王竹君等（2020）发现，在不同的环境调控强度下，双向 FDI 对我国绿色经济效率的作用呈现出一种非线性效应。在环境规制强度较弱时，"污染天堂"等问题的出现，使中国区域的绿色经济效率下降；环境规制强度较强时，出现环境"污染光环"效应，双向 FDI 将促进高科技、轻污染产业的集聚。

（二）生产要素方面

1. 技术创新与绿色全要素生产率

经济发展模式的转变必须依赖于技术的进步与创新（洪银兴，2011）。学者们对此观点达成了共识，认为科技创新对环境保护和绿色全要素生产率都有很大的积极影响。钱娟和李金叶（2018）利用工业企业的数据进行实证分析，发现技术进步对中国工业的节能和二氧化碳排放具有促进作用，科技创新在节能减排中贡献最大。陈阳（2019）等对中国的 285 个城市进行了实证分析，结果表明，在严格的环境管制下，技术创新可以通过节能、产业升级、集聚等途径降低环境污染。孔群喜（2019）等研究发现，中国公司利用 FDI 的反向技术溢出可以促进国内技术创新，从而促进整个绿色全要素生产率的提升。庞瑞芝等（2011）以工业数据为研究样本进行分析，发现科技创新、环境调控、FDI 对绿色生产率的贡献是正向的；逯进和李婷婷（2021）通过测算不同省份 2000—2018 年的绿色全要素生产率，实证研究发现，工业技术进步能够显著促进绿色全要素生产率的提高，并且存在着明显的区域差异。葛鹏飞

（2018）基于"一带一路"的跨国面板数据进行实证研究，其结果表明，基础创新对绿色全要素生产率的影响经由技术效率的渠道实现，但应用创新促进绿色全要素生产率的提高需要通过技术效率和技术进步来实现。

2. 人力资本与绿色全要素生产率

人力资本对环境保护起决定作用，是绿色发展中的"软技术"，在绿色发展中起到了重要的作用（谭政、王学义，2016；韩治彬、赵丽芬、张莉，2014）。徐晶晶（2015）认为，每增加 1 个单位的人力资本，东部沿海地区的绿色全要素生产率就会提高 0.8%。朱金鹤和王雅莉（2019）对 4 种不同环境规制下的省级层面绿色全要素生产率进行测算，并对 12 个影响因素进行了系统 GMM 分析，研究发现，人力资本与绿色技术效率之间存在着负相关关系，而产业结构发挥了"产出贡献"与"技术改进"的作用。苏科和周超（2021）认为，创新的首要资源是人才。他们利用长江经济带内 103 个城市数据进行实证研究，结果表明，人力资本在影响绿色全要素生产率过程中，科技创新起着中介作用，长江经济带的人力资本和科技创新是促进绿色全要素生产率提高的主要动力，并且相对于技术创新而言，人力资本在推动绿色全要素生产率方面的作用更大。

（三）环境规制方面

环境规制因素对绿色全要素生产率的影响，通常有两种观点：一种是"波特假说"，另一种是"遵循成本效应"理论。

"波特假说"认为，在政府的环境规制政策压力下，为了实现节能减排的目标，企业激发出自主创新的潜力，提高其环境保护技术水平。舒扬和孔凡邦（2019）以长江经济带地区 108 个城市为样本，利用 PVAR 模型对其进行了实证研究。结果发现，绿色全要素生产率受到环境管制和工业集聚的影响，但是它们的影响却是反向的，且环境规制、

产业集聚等是影响我国绿色全要素生产率方差的主要因素。刘祎等
（2020）运用中国31个省份工业的面板数据进行分析，研究结论表明，
从直接效应来看，环境管制对绿色全要素生产率的提高起着重要的推动
作用；从间接效应来看，在传导机制上，是通过自主创新和国外技术引
进促进了绿色全要素生产率提升，但是境内技术引进不能影响绿色全要
素生产率。肖远飞（2020）在运用SBM模型对11个资源型产业的绿色
全要素生产率进行测算的基础上，采用中介效应模型进行检验，结果表
明环境规制对绿色全要素生产率具有正的直接效应，价值链嵌入在其中
发挥中介效应的作用。

"遵循成本效应"理论的拥护者们指出，环境管制会导致公司的污
染控制成本的增加，进而对企业的生产性投入、创新活动、组织经营等
都会产生"抵消效应"，间接制约着企业绿色全要素生产率的提高。钱
龙（2018）认为，资本深化、产业结构调整与升级、信息化、经济集
聚与技术进步对促进绿色经济效率有正向影响，但是环境规制会阻碍绿
色经济的发展。

通过梳理文献，我们发现，由于样本选择的差异，以及研究视角和
研究方法的不同，学者们就各因素对绿色全要素生产率的影响效果尚未
达成共识。

第三节　产业协同集聚影响绿色全要素生产率的相关
研究

集聚对经济社会的发展具有多方面影响。有关制造业集聚、生产性
服务业集聚影响绿色全要素生产率的文献较多，而研究产业协同集聚和

绿色全要素生产率关系的研究成果偏少，集中在产业协同集聚与城市生产率、产业协同集聚与城市环境质量、产业协同集聚与绿色经济效率等方面。

一、制造业集聚对绿色全要素生产率的影响

目前制造业集聚影响绿色全要素生产率的研究成果，主要包括三种观点：正向作用、负向作用及非线性关系。

1. 持正向作用观点的代表性成果

王丽丽和范爱军（2009）认为，制造业集聚主要是通过技术进步，提高全要素生产率。李成宇（2019）指出，产业集聚可以通过技术知识外溢、基础设施和资源的集中配置，从而提高城市的生态效益。纪玉俊（2021）从政府和市场的角度来看，制造业集聚的变化对提高城市的绿色全要素生产率有一定的作用。张平淡和屠西伟（2021）利用动态空间计量模型进行实证检验，其研究结果表明，集聚对绿色经济起积极作用，绿色技术进步是实现集聚的主要路径。

2. 持负向作用观点的代表性成果

程中华等（2015）指出，中国城市的空间关联度越来越大，制造业的集聚对提高绿色全要素生产率起着抑制作用。薄文广（2007）的研究认为，制造业集聚的专业化效应影响绿色全要素生产率的程度很小，是行业特性和地域特性的不同所导致的多样化效应。任阳军等（2020）发现，无论是从长远还是从短期看，制造业集聚都会明显地抑制城市产业的绿色创新效率。

3. 持非线性关系观点的代表性成果

胡绪华和陈默（2019）以中国 261 个城市为研究对象，结合动态的空间效应模型和门槛模型，研究制造业集聚结构和城市化的协同作用对

绿色全要素生产率的影响，其结论认为，集聚和城市化的交叉项可以促进绿色全要素生产率的提高。但是，从长远来看，区域间的要素流动与结构调整会使绿色先行城市的产业集聚和城市化协调稳定出现微妙的不平衡，进而使绿色全要素生产率的预期增长路径出现障碍。吴传清等（2018）发现，我国制造业集聚程度与环境效率之间存在着明显的 N 形关系，而各发展阶段对环境效率的影响也是不同的。朱风慧和刘立峰（2021）采用面板门槛模型，对制造业集聚与绿色全要素生产率的非线性关系进行检验，并论证了威廉姆森假设和开放性假设存在的合理性，研究发现，威廉姆森假设在我国的制造业中表现出明显的特征，即经济水平的发展削弱了其对绿色全要素生产率的影响。

二、生产性服务业集聚对绿色全要素生产率的影响

多数学者认为生产性服务业集聚对绿色全要素生产率具有正向的提升作用。如陈晓峰和周晶晶（2020）通过对 2006—2017 年长江三角洲地区 26 个大城市的绿色全要素生产率进行了实证分析，研究发现在不同的环境下，生产性服务业集聚对绿色全要素生产率都有显著的促进作用，并且中心城市的空间外溢和高端生产性服务业的效应更为突出。徐晓红和王霞（2020）以中国 2003—2016 年 285 个城市为样本，运用动态 SDM 与 SLX 模型，实证检验生产性服务业集聚影响城镇绿色全要素生产率的作用机理，并探讨其空间外溢作用，结果表明，产业分工和多元化集聚是城市绿色全要素生产率的催化剂，而多样化集聚对邻地的发展也具有促进作用。任阳军等（2020）的研究发现，无论从长期还是从短期看，生产性服务业的集聚都能提高城市的绿色创新效率。张素庸等（2019）运用动态空间杜宾模型，研究 2007—2016 年中国 30 个城市和地区的绿色全要素生产率，研究认为，多样化集聚除了能提升本地绿

色全要素生产率外，对周边区域的绿色全要素生产率也能起到同样作用，生产性服务业专业化集聚有效提高了本地区的绿色全要素生产率，却在周边区域绿色全要素生产率呈现出负向空间溢出效应。陆凤芝和王群勇（2021）利用中国281个地级及以上城市的面板数据，实证检验了生产性服务业集聚的环境污染效应，认为不管是生产性服务业集聚的多元化集聚还是专业化集都能促进污染的减少。

一些学者研究认为，生产性服务业集聚的经济效应存在门槛效应。张纯记（2019）利用2000—2014年中国30个省份的面板资料建立了动态的面板数据模型，认为生产性服务业集聚对绿色全要素生产率的影响呈现出非线性的特点。李珊珊和马艳芹（2020）以中国30个省份作为研究样本，选择产业集聚、能源强度、经济发展水平作为门槛变量，采用面板门槛模型分析生产性服务业集聚对绿色全要素生产率的影响，其研究认为，门槛效应是存在的，但依据门槛变量的不同，门槛效应也表现出差异。余奕杉等（2021）建立了生产性服务业和城市绿色全要素生产率的度量模型，并采用SYS-GMM法对其进行了实证研究，认为生产性服务业集聚随着城市规模、行业结构的不同，对绿色全要素生产率的影响表现出异质性的特点。

三、产业协同集聚影响绿色全要素生产率的相关研究

已有文献中，与本书主题相同的研究文献较少。我们整理了相关的实证研究成果后发现，已有文献主要侧重于以下两点：一是产业协同集聚对城市生产率产生影响的研究成果，二是产业协同集聚对地区环境质量影响的研究成果。另外，还有关于产业协同集聚与绿色经济效率的研究，而这个绿色经济效率是与绿色全要素生产率相近但又不同的概念。

（一）产业协同集聚与城市生产率的相关研究

一些学者提出，产业的协同集聚可以促进城市生产率的提高。陈建

军（2016）指出，协同集聚通过分工与技术外部性两条路径能够促进创新，从而促进生产率提高。王静田等（2021）以长江三角洲的 27 个核心城市为样本，探讨了制造业和生产性服务业的协同集聚效应；研究结果显示，区域经济的协调发展正向显著影响城市生产率。

一些学者提出，产业集聚与城市生产率之间是非线性的关系。伍先福（2018）在分析文献的基础上，发现生产性服务业和制造业的协同集聚对生产率同时产生了两种相反的力量，这使得二者之间存在着某种复杂的因果关系；而通过对 246 个地级市的面板数据进行分组检验发现，集聚对生产率的影响呈现出非线性的特点，各要素专业化集聚程度提高，生产性服务业和制造业的协同集聚影响城市生产率增长的方向也会由原来的负向变成正向。张治栋和陈竞（2019）以长江经济带为研究对象，采用 GMM 动态效应模型进行研究，其结论是：两种行业协同发展对城市生产率都有显著的促进作用，区域间的协同效应表现出显著的差别——在下游表现出促进作用，而在上游则表现为相反的阻碍作用。

（二）产业协同集聚与城市环境质量的相关研究

许多学者都认为，产业集聚对城市的生态环境具有积极作用。苗建军和郭红娇（2019）从生态学的视角进行分析，结果表明，产业协同集聚会缓解城市的污染问题。蔡海亚等（2020）运用 SYS-GMM 模型，研究产业协同集聚、制造业效率对城市的污染效应，协同集聚能提升制造业效率，并且在降低污染方面发挥的作用越来越显著。申伟宁等（2020）以长江三角洲 26 个城市的面板数据作为研究样本，研究了协同集聚对 SO_2（二氧化硫）排放的影响。研究表明，协同集聚可以减少工业 SO_2 浓度，并且可以透过经济网络实现空间外溢，而弗兰克（Frank，2008）等人则持反对意见，认为集聚效应会对生态造成压力，加重环境污染，对可持续发展不利。

很多学者的研究成果都一致认为，集聚效应与城市污染水平的相关性并非简单的线性关系，而是非线性的。黄娟和汪明进（2017）利用双向固定效应模型，实证检验 285 个地级及以上城市的数据，研究发现，产业协同集聚对污染排放的影响曲线呈倒 U 形。陆凤芝和杨浩昌（2020）通过双向固定效应进行了综合分析，其结果表明，生产性服务业与制造业的协同集聚与环境污染之间呈现出一个平稳的倒 U 形关系。杨桐彬等（2020）利用 2005—2017 年 115 个资源型城市的面板数据，通过实证分析得出结论，即资源型城市工业集聚对水和大气污染呈 U 形的关系。寇冬雪和黄娟（2021）基于 2003—2019 年中国 285 个地级及以上城市的面板数据，采用系统 GMM 进行分析发现，制造业集聚能发挥减排效应，生产性服务业在其中能够发挥调节效应，并进行了行业的异质性分析，发现租赁业的调节效应最大。张军涛等（2021）基于 2009—2018 年中国东部沿海地区 66 个城市的面板数据，在验证存在空间相关性的基础上，认为产业协同集聚能推动本区域的经济绿色发展，并对邻近区域经济的绿色发展存在异质性影响。王燕和孙超（2020）研究高新技术产业与生产性服务业的产业协同集聚，利用面板门槛模型进行实证检验，发现在正负两种外部效应的共同作用下，与绿色全要素生产率存在门槛效应，并呈倒 U 形关系。

（三）产业协同集聚与绿色经济效率的相关研究

一些学者致力于研究产业协同集聚与绿色经济效率的关系，这是与本书研究主题最相近的研究。如孟望生和邵芳琴（2021）基于两大产业间要素层面的视角，结合 2009—2017 年中国 24 个省份的面板数据，采用差分 GMM 方法分析产业间协同集聚对绿色经济增长效率的影响效应；结果表明，劳动密集型制造业、技术密集型制造业与高端生产性服务业的协同集聚对绿色经济增长效率具有促进作用。张治栋等（2020）基于中国 283 个地级及以上城市，运用 SBM 模型与空间计量面板模型，研究了互联网与制造业协同集聚同城市绿色效率之间的内在联系；研究表明，互联网与制造业协同集聚具有显著的空间正相关性以及空间溢出效应，互联网与制造业的协同集聚能够显著提升城市绿色效率。任阳军等（2019）认为产业协同集聚不仅提高了本地区的绿色经济效率，在区域间也存在显著的正向空间溢出效应；多样化集聚对于提升本地区和相邻地区的绿色经济效率都能产生正向作用；专业化集聚降低了本地区绿色经济效率，对相邻地区存在正向外溢效应但不显著。绿色经济效率与绿色全要素生产率是较为接近的概念，即便不是完全一致，但其研究结果都从侧面说明了一个共同点，即产业协同集聚会对经济的绿色发展产生影响。

第四节　文献述评

我们查阅并系统梳理了大量相关文献，通过总结已有文献的薄弱点来找到本书的研究方向。

一、现有文献研究的局限

1. 从研究视角而言

梳理绿色全要素生产率影响因素的相关文献，我们发现，一些学者致力于研究产业结构、技术创新、人力资本对绿色全要素生产率产生影响，也有一些学者聚焦于环境规制、外商直接投资和城镇化等因素；但将产业协同集聚作为绿色全要素生产率影响因素的实证研究较为匮乏。且在已有文献中，关于产业集聚的研究较多，在研究集聚时，大量文献从制造业集聚、生产性服务业集聚等专业化集聚方面展开研究，尤其是制造业集聚的文献研究居多；但关于多个产业的协同集聚的研究相对较少。

2. 从研究样本而言

当前针对绿色全要素生产率的研究，多数研究样本的选择是基于全国的宏观层面的，以省份数据为主，省份数据包含的地域范围较广，这就容易掩盖城市之间的差异性。城市作为经济发展的基本单位，在制定产业政策，或者进行产业布局时，省级数据的研究结论缺乏适用性。近年来，也有越来越多的学者，如程中华（2015）、李卫兵（2017）、宣旸（2021）等，以城市数据作为研究样本。但是，以经济带为研究样本的文献相对较少，并且对经济带中的城市群进行比较分析的更少，城市群如长江三角洲城市群、京津冀城市群、珠三角城市群发展日新月异，这些城市群在产业发展方面，集聚效应更加明显，以经济带、城市群为研究的样本，在理论分析中有其必要性。

3. 从研究方法而言

现有文献在进行实证研究时，更倾向于采用线性回归的方法，重视线性回归和基于 GMM 的面板回归，多数的研究成果也都是以线性的结果给出两个变量间的因果关系，在研究结论与研究方法的选择上存在很大的关系。此外，现有文献采用空间计量模型的研究数量还不够，随着经济一体化，城市之间的经济往来更加频繁，不可避免地产生空间因素的影响，而采用非空间的方法进行分析则容易使研究结论产生偏误。

二、研究方向

基于已有文献的局限性，本书的研究方向主要从三个方面进行改进。

1. 研究视角

本书把生产性服务业与制造业放于同一个分析框架中，从两者互动融合的角度出发，剖析产业协同集聚对绿色全要素生产率的影响机制。集聚影响绿色全要素生产率这个"黑匣子"尚未揭开，产业集聚影响绿色全要素生产率的作用路径以及各种作用路径影响的程度都尚未得到验证。本书拟从理论上厘清产业协同集聚通过产业结构升级和技术创新两条途径来影响绿色全要素生产率的过程，并通过中介效应模型，实证检验影响机制的可行性和有效性，以期对既有研究进行有益补充。

2. 研究样本

本书拟选取长江经济带作为研究的总体样本，考虑到长江经济带包括长三角城市群、长江中游城市群和成渝城市群三大国家级城市群，这三大城市群分别位于长江的下、中、上游，横跨中国东、中、西三个区域，并且三大城市群的资源禀赋不同，产业集聚模式和程度不同，绿色全要素生产率的增长不均衡，三大城市群存在明显的发展差异，以这三大城市群作为样本来分析长江经济带的异质性分析具有典型意义。本书首先分析长江经济带的整体产业协同集聚对绿色全要素生产率的影响，接着对比分析三个城市群分区域的产业协同集聚对绿色全要素生产率的影响，层层深入，以期为长江经济带城市发展绿色经济提供决策参考。

3. 研究方法

本书首先采用空间计量模型，基于空间因素的影响，分析产业协同集聚对绿色全要素生产率的空间效应；其次，采用中介效应模型，分析产业协同集聚产生绿色经济效应的具体作用路径；最后，在此基础上，采用门槛面板模型，分析当人均 GDP、FDI、城市规模发生变化时，产业协同聚集与绿色全要素生产率二者之间的非线性关系。

第二章　产业协同集聚影响绿色全要素生产率的理论分析

在已有文献中，关于集聚经济的研究多以单个产业的专业化集聚作为研究对象，而关于两种或两种以上产业的协同集聚的效应研究较少。本章以绿色经济发展理论、外部性理论、新经济地理理论等作为理论分析的依据，讨论产业协同集聚对绿色全要素生产率产生影响的内在作用机制，为后续实证检验与分析提供理论支撑。

第一节　相关的理论基础

一、绿色经济发展理论

（一）传统经济学对绿色经济的关注

绿色经济理论是在对传统经济学继承与批判的基础上，适应绿色经济实践而发展起来的经济学理论。从古典经济学到新古典经济学常被称为传统经济学，其进行理论分析时主要研究劳动、资本、土地等生产要素在经济发展中的作用，而将生态环境作为外生变量进行简单处理。但也有一些经济学家注意到了生态环境在经济发展中的重要作用,如威廉·配第、穆勒、李嘉图、马尔萨斯等人在分析经济时加入了环境因素的影响。马克思和恩格斯是最早意识到生态环境的严重性的学者。20世纪20年代,马歇尔和庇古提出了"外部不经济"的概念,认为环境问题是经济发展带来的负外部性;科斯提出的解决方案是通过对产权的划分,用外部成本内部化的方法解决外部不经济的问题。

(二)绿色经济理论的兴起

20世纪70年代,生态环境和经济并重的学说得到了学术界的广泛关注,环境经济学、生态经济学逐步兴起。环境经济学提出了"公地的悲剧",并对可能有助于人类活动的各个影响因素进行分析,评估它们的价值,以便使人类充分利用现有的资源,把环境因素纳入现有的经济理论中,扩大了经济理论研究的范围。生态经济学是以经济学的方法,将有关生态的思想运用到经济分析中,使人们可以科学地规划、使用现有资源,从而使以市场为主导的经济向以生态为主导的经济转型。

20世纪80年代,多位国内学者对可持续发展理论进行了积极探索(许涤新,1980;刘思华,1984)。可持续发展的两大基本原则是:公平、人与自然和谐。其中,人与自然和谐的思想源于对人类经济不断发展而导致资源短缺问题的反思。21世纪的前十年,气候和环境问题频现,对人类的生活和经济的发展造成了很大的负面影响。在"里约+20"的2010年联合国可持续发展会议上,人们讨论的焦点都是与绿色经济有关的问题,这意味着绿色经济在当前的可持续发展战略中占有重要地位。2010年联合国开发计划署发布的报告认为,发展绿色经济可以改善目前的环境问题,并提高人们的生活满足感。2016年通过的《巴黎协定》,表明这一时期的绿色经济将社会、生态以及经济三方面结合起来,共同推进绿色经济的发展。

（三）绿色经济理论的发展

过去的新古典经济学和内生经济增长理论，全要素生产率常常被认为是经济推动力，而在衡量一个国家或地区的经济增长水平时，常采用GDP这一指标。在生态环境日益恶化的今天，人们的健康和福祉受到了越来越大的冲击，GDP已不能作为衡量一个国家发展的唯一标准，必须把资源要素的投入与对环境的影响纳入主流经济增长理论之中。于是，学术界提出了"绿色经济增长"理论。绿色经济增长是对可持续发展理念的完善和发展，是可持续发展理论的一个重要组成部分。联合国环境署将绿色经济增长定义为："在显著降低环境风险和生态稀缺性发展经济的情况下，提高了人们的福利和社会公平。"我国早在"十二五"规划中就将节能减排和应对气候变化列入国家发展章程，因此"十二五"规划也被称为"绿色发展规划"。2015年，党的十八届五中全会提出了创新、协调、绿色、开放、共享的新发展理念，大会在经济发展观中加入了"绿色"的部分。2017年党的十九大会议首次提出了经济进入高质量发展阶段的论断，并提出要建立健全绿色低碳循环发展的经济体系，把绿色发展提到了一个新的高度。关于绿色发展的概念还没有形成统一的认识，苏利阳等（2013）认为绿色发展是发展绿色产业，生产绿色产品，解决环境与经济发展之间矛盾，满足人民日益增长的需求。胡鞍钢和周绍杰（2014）从绿色发展的功能出发，认为绿色发展能促进自然、经济和社会的协调统一。而在有关绿色经济的诸多理论中，学者最为关注的是效率，绿色经济发展的理念下，把能源消费与环境问题纳入经济发展的分析框架，考虑资源与环境双重约束的绿色全要素生产率成为绿色经济发展的新动力，也成为绿色经济发展程度的衡量标准之一。

二、外部性理论

新古典经济学代表人物马歇尔（1890）在研究产业集聚问题时，最早提出了外部经济理论，他提出了生产要素的四要素说，认为"组织"这一要素，能有效进行生产的分工，并扩大生产规模，提高劳动效率；同时，他把生产规模扩大引起的效应分为外部经济和内部经济。当企业提高了组织管理的效率却无法实现其内部经济时，企业就会为了追求外部的规模经济而在一定地理范围内出现集中，就产生了集聚；当企业集中在一起时，企业就可以获得因为地理接近性而产生的低生产成本的优势。企业的集聚区内形成了竞争中又存在合作的生产网络，这个集聚的区域被称为"产业区"。马歇尔对外部经济形成的原因进行了深入细致的研究，认为集聚所产生的外部性主要与以下四个方面有关：

其一，集聚有利于知识、技术的溢出。马歇尔认为，集聚在一起的企业，是相同或相近的行业，这些企业的人员集中在一起，有利于彼此进行深入交流。相同或相近行业的人员集聚在一起，更容易碰撞出创新的火花，从而进一步促进和激励企业人员的学习与创新。

其二，集聚有利于劳动力市场共享。集聚区域内，企业数量多，所提供的就业机会也多，对劳动力形成的吸引力也更大，从而更有利于促进本地劳动力市场的发展，同时也会吸引更多的非本地区域的劳动力进入市场。发达的劳动力市场让企业降低了搜寻成本，缩短了培训时间，由此企业可以提供具有较高竞争力的劳动报酬。劳动力的供给方与需求方大量扎堆，使得劳动力供给与需求更容易形成契合，进行配置，劳动力市场的共享也会增加企业在区域集聚的收益。

其三，集聚有利于共享公共资源。企业在发展过程中，需要一些公共基础设施（如交通设施、邮电通信、医疗设施、教育等）的支持。若各企业布局分散，则企业须自行承担必要的基础设施建设，这无疑增加了企业的成本；但若在集聚区域，这些公共资源建设可以由政府公共供给或是区域内企业共担，从而减少企业自身的成本支出。此外，还有一些如会计、金融、法律等中介性服务产业，集聚区域内可以共享服务和资源。

其四，集聚有利于关联性辅助产业的发展。专业化的协作提升了设备的利用效率。集聚产生的规模经济，使得辅助工业也可以为许多邻近的工业服务，极大提高了机械的使用效率；同时，集聚产生的规模经济也迫使这些工业机械的专业化使用性更强，购买成本也更低。

外部性理论解释产业集聚成因的假设提前是规模收益不变和完全竞争。这一假设前提忽略了区位及运输成本的影响，具有明显的不足。

三、新经济地理理论的中心-外围模型

（一）中心-外围模型的提出

古典区位理论对区域经济活动进行了研究，其假设前提是空间均匀、市场完全竞争、规模报酬不变且不考虑运输成本等因素。而企业的空间选址机制并没有得到合理的解释，且受限于缺乏分析工具，这些理论没有设立数理模型。迪克西-斯蒂格里茨（Dixit-Stiglitz，1977）提出的 D-S 模型，是基于假设垄断竞争市场的分析，并解决了此前空间经济理论建模方面的困难。此后，美国经济学家克鲁格曼（Krugman，1991）提出了中心-外围模型，在模型中，除了囊括消费者和厂商外，还从空间经济学的视角分析厂商的区位选择，开创了新经济地理学；在研究产业集聚问题时，更关注空间的差异性对集聚的影响。克鲁格曼认为，集聚的出现是不同的行业和相关联的企业组织在某一既定区域内的集中，空间的差异性与产业的专业化有关，不同的产业以及相关的活动会集聚在不同的地方，集聚于何处依赖于运输成本、规模经济以及该产

业在国民产出中所占的份额。

(二)中心-外围模型与产业集聚的内在机制

传统经济学在解释产业集聚的原因时,认为一些区域具有"第一性"的优势,例如自然资源、港口等自然条件,这说明某些区域内的经济活动是集中的,但并不能说明为何一些没有资源优势的地区也可以发展为经济中心。新经济地理理论对此有了新的解释。

克鲁格曼建立了中心-外围模型,提出了新经济地理理论,该模型从规模报酬递增和不完全竞争市场的角度出发,从规模经济、垄断竞争和运输成本等方面对产业集聚的机制进行了微观解释:当运输成本[①]较高时,产业在空间分布上呈现分散的状态;当运输成本有所降低时,由于区域黏性的存在和路径依赖的影响,产业空间格局的分散化状态不会迅速变化;但是当运输成本达到某个分界点时,产业就会向这一区域集聚,并且在循环累积效应下,形成"中心-外围"的格局分布。

新经济地理理论基于循环累积因果效应,说明集聚的内在形成机制。产业空间集聚依赖于"向心力"和"离心力"两种力量,向心力来自本地市场效应和价格指数效应。本地市场效应是基于规模经济及节约运输成本的考虑,企业偏好布局在市场规模大的地区,既能实现规模经济,又便于就近销售,降低销售成本。价格指数效应指企业集聚的地方生产的产品数量和种类越多,需要输入的产品就越少,产品价格中含有运输成本和贸易成本而相对较低,价格效应吸引人口向集聚区迁移,市场规模再次扩大。这两种效应的实质都是规模经济和成本节约,这种效应会形成循环累积效应并不断自我强化。离心力来自拥挤效应,企业集聚也带来对资源和消费者竞争,有些区域也会存在地方保护主义,企

---

① 新经济地理学中的运输成本是广义的概念,包括产业转移过程中可能的所有成本,如交易成本、狭义的运输成本、制度成本等。

业在布局时会考虑竞争对手少的区域，并不集聚，产生了分散力。集聚的形成和发展取决于向心力和分散力的相互作用。

（三）中心-外围模型的拓展

克鲁格曼的中心-外围模型是从总体上对制造业进行分析的，但是也有一些有待深入分析的地方，比如它仅包含农业部门和工业部门，没有涵盖多个行业，只是解释了劳动力可自由流动下可以形成集聚，但是缺乏行业内部的关联在形成过程中的作用机理的分析。学者们对此进行了补充。维纳布尔斯（1996）在不完全竞争和劳动力不完全流动的假设条件下，沿用中心-外围分析框架的基础，基于产业垂直关联的关系，构建一个垂直关联模型，即CPVL模型。他认为，产业的上、下游行业之间存在"前向关联"和"后向关联"的关系，即使劳动力不流动，运输成本和地域间工资差异仍然会影响中间投入品的市场供给，从而影响其市场规模；而产业之间的垂直关联关系也会影响这些企业的空间布局，使企业在某一区域内形成集聚。这一理论突破了C-P模型对要素流动的局限性。近年来兴起的"新新经济地理理论"备受学者的关注。因为在原本的"新经济地理理论"的假设条件中，假设均衡时所有厂商以及劳动力是同质性的，这些假设与现实相去甚远。因此，学者在此基础上，增加了厂商及劳动力是异质性的设定，因此被称为"新新经济地理理论"。

第二节　产业协同集聚影响绿色全要素生产率的空间效应

传统理论中研究产业集聚时，常常指的是单一的产业集聚，强调产业的专业化属性，但产业协同集聚侧重于产业的多样化。我国传统的制造业企业在生产过程中，存在资源利用率和绿色生产率双低的问题，集聚过程中，能源、资源的大量投入与消耗不可避免地对环境带来负外部性。但是制造业在生产过程中，若是有生产性服务业的协同参与，会大大削弱制造业在生产过程中对环境产生的不利影响。因为这两种产业之间有紧密的产业关联性，生产性服务业自身是知识密集型产业，通过知识溢出，对制造业的生产环节进行技术改造，既有利于提高制造业的生产效率，又有利于削弱对环境的负向影响。从区域空间来看，城市群之间存在产业的分工协作，协同集聚也会通过城市间的空间互动，促进区域更大范围的绿色经济的协调发展。

一、产业协同集聚通过产业关联影响绿色全要素生产率

1. 产业关联是产业协同集聚的基础

从产业发展来说，生产性服务业是由于专业化分工，从制造业内部分离出来的专业的服务职能部门。从产业关联来看，生产性服务业为制造业提供中间投入和专业化服务，与制造业之间是需求和供给的关系。制造业的产业链分为上、中、下游三个部分，产品的研发、设计环节为上游，加工、制造环节为中游，销售、售后等环节为下游。随着生产规模的扩大，专业化分工越来越细，市场竞争的加剧使得制造业企业会将上游环节和下游环节的工作"外包"给生产性服务业，生产性服务业以其技术指导嵌入制造业的研发、设计，以其电子商务和现代物流为制造业下游生产提供服务。生产性服务业作为中间部门，把消费者和制造业部门连接起来，生产性服务业在制造业的生产中发挥着前向关联和后向关联的重要作用。

2. 产业协同集聚有助于提高绿色全要素生产率

在与制造业的前向关联中，生产性服务业在制造业的研发、设计环节发挥着重要作用。随着分工的深入，生产性服务业在脱离制造业时，保留了知识和技术密集的特征，其高新技术产业可以为制造业的研发、设计提供服务，以其知识和技术的溢出效应对制造业的生产流程再造进行技术迭代。尤其是对于高资源消耗型的制造业而言，它们通过为制造业加入服务要素来改变制造业的投入要素结构，从而提高制造业的生产效率，降低能源消耗强度，减少对环境的污染。同时，产业的协同集聚使得制造厂商和提供中间服务的生产性服务商趋于空间上的临近，产生"技术集聚"，这种技术集聚有利于区域内企业能更及时地获取信息。尤其是对于拥有绿色技术、低碳中间商品的服务业而言，在当下制造企业面临的环境约束日趋紧张的情况下，它们会更加积极地引进绿色技术，提高绿色技术创新能力，将更多的资源投入绿色技术和产品的研究中，从而提高治污能力，致力于发展为具有更强的综合竞争力的制造企业。

在与制造业的后向关联中，生产性服务业中细分行业的信息技术能够助力制造业技术的提升，推动工业化与信息化的融合发展，智能制造和高端制造业模式都是产业协同集聚发展的结果。许宪春等（2019）的研究结果表明，信息技术服务业与制造业的协同发展模式，能有效促进产业向高端智能化方向发展，提高生产效率，降低资源消耗，成为经济绿色发展的新动能。谢文明（2012）的研究认为，目前制造业正逐步走向服务化，这种制造模式有助于提高资源的利用效率，对提高社会效益有积极影响。近年来，随着互联网的普及，电子商务发展迅猛，线上交易日渐增多，这为制造业的销售提供了更多的渠道。交通运输业作为线上交易最为密切的生产性服务业，与制造业融合，节约了沟通成本和运营成本，为制造业形成集约化经营提供了条件。豆建民（2015）认为，产业集聚背后不同的产业关联方式，对应着不同的生产方式，对资源环境和生态环境都会产生不同的影响。

二、产业协同集聚通过空间关联影响绿色全要素生产率

产业协同集聚不仅影响本地区的绿色全要素生产率，而且通过区域的空间关联性，推动知识和技术的外溢，实现低碳技术、绿色技术的扩散，产生空间溢出效应，进而影响其他区域的绿色全要素生产率。一方面是因为生产要素是在区域间流动形成的；另一方面是因为在生产过程中，各城市之间分工协作，跨区域合作，从而形成了空间溢出。

1. 生产要素的区域间流动对绿色全要素生产率的影响

市场经济条件下，生产要素具有在区域间可以进行交换和流动的特点。生产性服务业和制造业的集聚水平除了受到自身经济发展的影响，同时，也会受到周边地区产业协同集聚水平的影响。第一，随着交通、通信等基础设施的不断完善，产业集聚程度的不断提高，当一个地区产业协同集聚水平高于周边其他区域时，劳动力、信息、环境保护知识、环境保护技术等高端要素的流入，将会带动区域核心竞争力的提高，进而带动绿色经济的发展，而这种效率的提高也会产生示范效应和学习效应，进而带动周边区域的绿色全要素生产率的提高，产生空间溢出效应。第二，各个相关企业可以通过信息和资源的共享，进行跨区域的合作，这种合作和交流更加方便、高效，且成本更低，从而可以打破空间的局限，推动周边地区的绿色全要素生产率的发展。第三，相邻地区的发展在总体上具有趋同性，自然资源、技术资源、劳动力资源、知识资源和信息资源的外溢，促进了地区间的资源外溢，从而对相邻地区的经济活动产生积极影响。王燕和孙超（2020）的研究认为，绿色知识和绿色技术的空间相关性在产业协同集聚过程中进一步强化，跨区域的合作形成的空间溢出，进一步促进绿色经济的发展。刘军等（2020）也认为，产业协同集聚能加速技术成果的转化，有利于促进绿色技术的资源溢出。

2. 城市群中城市间的分工协作对绿色全要素生产率的影响

从城市群和经济带的空间层面来看，城市群之间存在空间交互效应。单个城市受到城市规模的限制，历史形成的比较优势不同，生产性服务业与制造业的发展不一定能匹配，此时，本地城市不一定能满足生产性服务业或制造业的需求，则可能通过邻近城市提供资源。城市群或经济带的优势就在于，不同城市之间会通过不同的分工，形成协作网络，从而具有竞争力。

我们可以从新经济地理理论的角度来解释城市群的产业协同集聚，形成的过程大致可以分为三个阶段。第一阶段，在城市群刚形成时期，群内拥有区位优势的大城市，能够吸引资本、劳动力等生产要素的大量进入，大城市出现了制造业的集聚，这在空间结构上是一种制造业对生产性服务业的挤出。之所以形成这样的产业布局，与制造业和生产性服务业的发展阶段有关，也与工业化的进程有关。通常，制造业的大发展时期是工业化初期，且工业化的深入会加快生产性服务业发展的速度，而大城市拥有更好的基础条件，就更容易形成制造业在大城市的集聚现象。此阶段，生产性服务业发展滞后，制造业发展较为迅速。第二阶段，制造业迅猛发展，生产规模不断扩大，专业化分工进一步深化，生产性服务业迎来了大发展，为了实现规模经济，同时也为了节约交易成本，生产性服务业在地理布局上向与之关联的制造业靠近，进而形成了制造业和生产性服务业在同一中心城市的协同集聚，此时，两种产业之间形成很强的互动性以及互补性。第三阶段，两种产业在同一地理区域的集聚，势必会引起土地、劳动、资本等各种生产要素的竞争，进而引起价格上涨。这些外部不经济促使要素价格弹性高的制造业基于成本考量，向外围城市转移；而对于要素价格弹性较低的生产性服务业则留在中心城市。此时，就形成了城市群新的产业空间布局，即制造业在外围城市，生产性服务业居于中心城市的"中心-外围"结构。企业基于不同的成本敏感度，并根据成本最小化的原则选址，最终形成两种产业协同定位，同时也导致了各城市的功能定位差异化的客观结果（江静、刘志彪，2006）。这种空间分布结构，本身是资源优化配置的结果，是通过市场竞争形成的，最终强化了城市群内产业的分工与协作。城市群中的中心城市，往往是资本、技术、人才高度集中的地区，是具有规模经济效应的发展极，对周边城市形成辐射拉动作用。这些中心城市既是生产中心、贸易中心，也是金融中心、信息中心。如长江三角洲城市群的上海，长江中游城市群的武汉，成渝城市群的重庆。这些中心城市凭借技术创新和规模经济，在一定的空间范围内形成向心力，并且通过集聚经济带来多种外部性效应，不仅使集聚区域内中心城市的绿色效率得以提高，而且促进了周边城市的效率提升、增强了绿色发展产生的拉动作用。同时，城市群的产业协同集聚促进了城市之间的分工，有效节约了产业间的生产成本和交易成本，促使产业空间布局结构不断优化，这样既可以避免城市间的产业同构，又可以合理配置城市间的资源。

综上，本书提出假说H1：产业协同集聚对绿色全要素生产率的影响会产生空间效应。本书的第五章将采用空间计量模型对这一假说进行实证检验。

第三节　产业协同集聚影响绿色全要素生产率的中介效应

生产性服务业，因其高知识密集性、高人力资本的特点，渗透制造业产业链的各个环节，通过物流、信息技术等媒介作用对制造业进行升级，提高了生产效率，又减少了环境污染。因此，制造业和服务业的协同集聚有利于提高绿色全要素生产率。其影响路径有两个。一是技术创新效应：产业的协同集聚促进了知识和技术的外溢，为技术创新提供了必备条件；而技术创新可以有效提高要素的使用效率，降低能耗，是效率提高和环境保护的内在动力。二是产业结构升级效应：产业的协同集聚，不仅促进了各种生产要素的重新优化配置，而且也有利于生产性服务业发挥其渗透作用，与制造业深度融合，通过两产业间的融合互动来推动制造业向信息化、智能化方向发展；制造业服务化，实现了制造业的升级，从产业结构上来说，制造业正在从以第二产业为主向以第三产业为主转变，是产业深化的过程，这一模式对绿色发展模式产生积极影响。技术创新和产业结构升级在其中发挥中介效应的影响路径如图 2-1 所示。

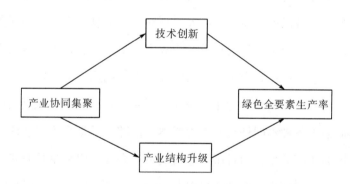

图 2-1　产业协同集聚影响绿色全要素生产率的路径

一、产业协同集聚、技术创新与绿色全要素生产率

生产性服务业因其高知识密集性，在其集聚范围往往存在着许多显性和隐性知识，这必然会加深和强化企业之间的相关交流，不仅能助推技术创新的产生，而且有利于技术创新成果的扩散，从而提高绿色全要

素生产率，并沿着产业协同集聚—技术创新—绿色全要素生产率这条传导路径产生影响。

（一）产业协同集聚影响技术创新

产业协同集聚过程中带来的外部性，可以降低技术创新成本，为企业带来良好的创新环境和驱动力。

1. 产业协同集聚的共享经济效应带来创新成本的下降

（1）产业协同集聚带来共享效应

基于外部性理论的视角，产业协同集聚是一种共享效应，它可以减少资源的消耗，提高能源的利用率，提高绿色生产水平。这主要体现在四个方面。第一，从投入产出关系来说，生产性服务业作为中间投入品，与制造业是投入产出关系。相关企业的集聚，不断强化生产性服务业与制造业之间的供需关系，进而形成投入产出的供需网络，集聚使得生产性服务业可以更为便利、更大规模地提供信息技术、金融服务、法律服务，实现中间投入品的规模经济效应。第二，从人力资本的投入要素来看，大量企业在某个区域内的集聚，在其周边会形成较大规模的专业化的劳动力市场，从而为相关企业提供稳定的劳动力"蓄水池"。劳动市场汇集了各种不同种类的人力资本，能够有效提高不同技能的人在劳动市场的匹配效率，而且服务业与制造业企业可以分享具有跨专业的复合型人才，进而提高企业人才的层次水平。第三，从基础设施来看，同类型的产业对基础设施有类似的需要，集聚区域内，企业可以共享基础设施，减少了基础设施重复建设的成本，共享可以降低企业单位固定成本（林伯强、谭睿鹏，2019）。第四，从污染物处理来看，集聚区域，企业拥有相似的产品生产线，可以更便利地集中处理企业产生的废弃物，集中排污、集中治理；此外，对于那些大型成本昂贵的除污设备，集聚区域还可以实现共享，促进污染治理的专业化分工（如专业的污染处理企业和污染排放监测企业）。此外，多种产业的集聚，某一企业的废弃物也可能成为另一企业的投入品，形成循环经济。

（2）共享经济带来创新成本的下降

生产性服务业、制造业的相关产业的集聚效应，在吸引大量的人力资本外，也会带来信息、技术等要素，有利于资源共享、互动、优化配置。在产业集聚中，企业和平台组织的有效互动和协作，可以更好地发挥其共享经济的作用。共享经济实现了规模经济，在降低各项交易成本的同时，为企业进行技术创新提供了创新资本的支持。企业创新通常需要大量的研发经费，而共享经济会降低制造与交易的成本，更有利于制造厂商衡量成本，重组价值链，从而将更多的资金投入创新研究中，提高制造产品的增值能力，以应付激烈的市场竞争。集聚企业还可以通过合作形成创新共同体，省去高额的创新资金，以较低的成本获得较高的创新成果。

2. 产业协同集聚产生的知识溢出效应有利于产生协同的创新环境

（1）产业协同集聚有利于产生知识溢出效应

第一，协同集聚增加了企业间的合作与交流，加快了人力资本等要素的流动。首先，产业协同集聚使得相关联的企业有更多的机会实现近距离沟通和交流，可以通过一些正式或非正式的手段来获取行业内前沿的技术知识，及时更新知识。生产性服务业和制造业的企业双方共同参与研讨会、报告会，有助于实现信息的及时互通，同时加强生产性服务业和制造业与高校、科研机构的合作，加快技术创新成果流向制造业，实现创新成果的产业化、社会化。其次，生产性服务业是高人力资本的企业，两种产业的协同集聚以及企业之间业务的频繁往来，增加了企业间多层次人员交流互动的机会，有助于高素质的劳动力流向制造业企业，进而激发高素质人才在制造业生产中的知识应用。

第二，多样化集聚更易产生知识溢出。雅各布斯外部性更强调多种产业之间的集聚效应，集聚的过程伴随知识的外溢效应。雅各布斯外部性认为，大多数的知识溢出效应都是在不同行业中产生的，不是专门的集聚，而是多样化的集聚。知识溢出是不同主体间通过直接或间接方式进行交流、互动而产生的知识传播过程，受主体特征、产业与区位等因素制约，通过人才流动、研发合作、企业家创业等溢出机制来实现。知识又分为显性知识和隐性知识：显性知识比较容易获得；隐性知识虽然较难获得，却对创新有更大的推动力。作为制造业的中间产品，生产性服务业是技术密集型产业，二者之间具有很强的技术联系，集聚会加强企业间的信息交流，促进隐性知识的传播，存在知识溢出机制。

（2）知识溢出效应有利于营造协同的创新环境

创新来自对知识的再编码与再创造，而再编码、再创造则常常需要交流、传播与试验。产业的协同集聚，有利于企业掌握各种知识，同时对不同的技术进行吸收、整合和创新。相似职业的人在一起会更容易沟通，也更容易产生新的火花。因此，各个行业在相互融合的进程中，往往会出现突破性的创新。产业协同集聚为技术外溢创造了一个协同创新的环境。

第一，企业的合作和交流易激发创新。随着产品与服务的专业化程度的提高，行业的发展也越来越精细，分工有助于提高企业的专业化水平。不同产业在同一产品或服务领域的协同作用，客观上可以促进企业之间的协作和协同创新。而现代科技，尤其是大规模的创新，常常是一个系统的工作，它要求各行业的众多企业都参加，生产性服务业和制造业两种产业的集聚，有利于跨行业的创新。因为两种产业所形成的知识、技术与信息交流网络可以为企业间技术交流的扩散提供更多传播渠道和传播平台，增加了技术人员交流的机会，易于产生新思想，激发创新思维，形成良好的集体互动学习和创新氛围，从而加快技术创新的扩散。

第二，产业集聚能够缩短区域间的距离，促进创新要素的外溢。地域距离是知识外溢的影响因素，企业在某一地的集聚有利于知识外溢，而在非集聚区域内，知识与技术无法在空间上无限制地扩散，空间距离越大，影响力越小。生产性服务业与制造业形成的集聚，缩短了生产要素之间的时间距离和空间距离，促进了知识、技术等要素的空间流动，降低了获取信息的成本，同时也促进了企业之间的隐性知识、技术等生产要素的扩散与交换，这些信息、知识正是创新要素所必备的。

第三，产业集聚区内知识、人才、信息的大量积聚与流动，有利于知识信息交互网络的形成，从而企业间技术创新扩散的交易成本大大降低了，这加快了产业间技术创新的扩散。知识外溢对于企业来说是一种正的外部性，它能够有效地发挥作用，减少企业研发费用，并降低企业失败的风险。产业的协同集聚有助于企业充分利用外部资源，不同行业间的企业可以通过网络的方式来分散经济体系与创新的风险，从而降低创新成本，使得创业投资机构更愿意选择高科技产业集聚区内的企业。

3. 产业协同集聚的竞争效应带来创新动力

（1）产业协同集聚产生竞争效应

第一，集聚产生竞争。迈克尔·波特在其著名的《国家竞争优势》一书中，提出了竞争优势的"钻石模型"，能否有效地形成竞争性环境和促进创新是影响企业是否具有竞争力的关键因素。他认为，企业在同一地域集中形成空间集聚，不可避免地会产生行业的竞争，尤其是相互邻近的同一种行业的竞争会带来竞争效应；为了在竞争中占据优势，企业会积极提高技术水平，改善管理模式，提高配套服务质量，产生类似于马歇尔外部性的效应，被称为波特外部性。他认为，这种外部性是由竞争环境产生的，在垄断的市场结构中，企业面对的创新激励比较小，却要承担风险。

第二，投入产出关系的维系需要在竞争中实现。制造业在生产过程中，通过公司内部的生产成本衡量，把其盈利能力较差的生产模块外包出去，需要找到最优的中间服务商，在寻找的过程中，也需要给出合理的价格以及其他合作条件，这就需要通过行业竞争来实现。生产性服务业为制造业提供中间投入品，要想与制造业成为稳定的合作伙伴和供应商，就需要不断加强其高效的业务模块，以提高服务竞争力。在产业协同集聚环境下，竞争加剧，竞争效应比起没有集聚时更强。

（2）竞争效应带来创新动力和创新方向

波特是从竞争力的角度来看待集聚的，着重指出了产业集聚所具有的市场竞争效应。根据波特外部性，在协同集聚的区域，竞争效应会带来创新的动力和创新的方向。

第一，竞争带来创新的方向。产业协同集聚条件下，能极大地促进产品市场的规模化，消费队伍的扩大，可以使制造企业更有效地了解消费者的需要以及新的消费动向，帮助制造企业抓住商业机会，及时创新；同时为了满足一些消费者的个性选择，企业应该提供个性化的产品和服务，形成核心竞争力，占据市场引领者的地位，在竞争中占据主动权。因此，了解并满足消费者的需求，形成产品的差异化是创新的方向。而对于生产性服务企业来说，只有不断创新，才能提供更加具有差异化的中间产品，从而满足制造企业的多样化需求。

第二，竞争带来创新的动力。集聚过程中存在着"选择效应"，受资源的限制，集聚会增加要素需求，进而使交易成本上升。激烈的竞争会迫使低效率的企业，经过权衡成本与收益，最终退出市场，新新经济地理理论称之为"选择效应"。企业处于高强度竞争环境中，为了生存，都必须不断革新技术、设备和管理方式，以达到产品和服务的差别化，提高企业核心竞争力，从而获得市场竞争优势。集聚内的竞争压力，加上潜在的利润实现，成为集聚区内企业创新的内在动力。

（二）技术创新影响绿色全要素生产率

多位学者认为，技术创新是推动绿色全要素生产率增长的重要途径（史丹，2018；岳鸿飞 等，2018）。技术创新能提高能源等投入要素的利用效率，是企业实现节能减排的关键（张三峰、魏下海，2019）。产业协同集聚的过程中，技术创新能够发挥绿色效应的原因包括两个方面：一方面，生产性服务业本身具有高科技的产业，同时又具有低污染的特点，在与制造业协同生产的过程中，形成了分工协作的网络，技术关联程度加深，为制造业提供研发服务，同时进行供应链管理，不断革新技术、设备和管理模式，通过技术创新，促使制造业企业升级改造其传统生产方式，推广先进生产方式的应用，促进能源的集约利用，这样不仅可以增加产品附加值，还能优化污染治理技术，实现生产过程的绿色化，对提高绿色经济的效率起到关键作用（周小亮、宋立，2019）；另一方面，随着生产专业化程度的提高，制造业企业为了实现升级目标，会更加重视价值链的局部环节，将技术创新从整体转向局部，更加专注于精细化生产，对生产性服务业提出更高的技术性需求，而这种内在需求推动了服务业各个门类行业的发展。生产性服务业自身具有高技术特征，将创新要素参与并紧密嵌入制造业价值生产环节，发挥其比较优势，甚至重构产业链，通过集聚区域内协同作用来优化创新要素的配置、整合资源分配，从而实现生产性服务业和制造业的绿色技术创新，提升制造业在市场中的竞争能力。在影响绿色全要素生产率的各因素中，技术创新是关键。袁润松等（2016）选取2000—2014年中国的省级数据进行实证检验，发现技术创新在我国绿色经济的发展中具有积极作用。吴新中和邓明亮（2018）以长江经济带108个城市为研究样本，研究证明，技术创新是推动我国绿色全要素生产率的主要力量。葛鹏飞（2016）、刘云强（2018）等人分别研究了长江经济带的城市和"一带一路"的沿线国家，均认为，技术创新在绿色全要素生产率的提升中具有促进作用。

综上所述，产业协同集聚产生共享效应、知识溢出效应和竞争效应，明确了创新的动力和方向，提供了有利于创新的环境，降低了创新的成本，能有效提升绿色全要素生产率，这一过程如图2-2所示。

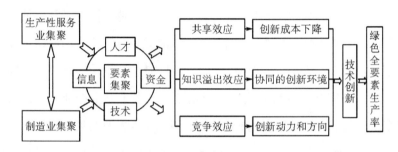

图2-2 产业协同集聚通过技术创新影响绿色全要素生产率

由此，本书提出假说H2：产业协同集聚通过技术创新影响绿色全要素生产率。后续第六章将对技术创新在其中所起的中介效应进行影响机制的检验。

二、产业协同集聚、产业结构升级与绿色全要素生产率

产业协同集聚影响产业结构升级，进而影响绿色全要素生产率。而产业结构升级在产业协同集聚—产业结构升级—绿色全要素生产率这条路径中起中介作用。产业结构的升级过程就是资源的优化配置过程，因为生产要素在不同产业之间进行重新配置，使得各产业间比值发生变化，最终引起产业结构的变化。产业结构的升级是指各个生产要素流向

更高效的行业，重新配置生产要素，合理分配要素资源，从而大大提高全要素生产率（姜旭 等，2019；曹鹏、白永平，2018）。

（一）产业协同集聚有助于实现产业结构升级

1. 产业协同集聚通过资源优化配置实现产业结构升级

第一，通过产业协同集聚，相关的要素可以实现合理的匹配和替换，有助于提高要素的生产效率。集聚区内具有更多种类和数量的生产要素，在生产时，资金、劳动力、技术等生产要素更容易匹配。如劳动力供求的匹配，由于劳动力的人力资本和技术水平存在差异，企业的劳动力需求与市场劳动力的供给往往要经过一段时间的寻找，以实现两者的匹配。产业的空间集聚，可供厂商选择的要素增多，能有效缩短厂商的搜寻时间，降低搜寻成本，增加有效匹配，提高效率。除了人力资本外，能源也有多种选择，可以采用灵活、可靠的新型能源来替代传统能源，实现资源的最优分配的同时，向绿色生产转变。

第二，基于产业的关联性，集聚区产业内的垂直分工，形成产业之间的协作，协作过程中要素是流动的，要素流动的过程也是资源重新配置的过程。资源、劳动、资本、原材料等要素的流动，有助于提高要素的边际生产率。在集聚区，不同行业的劳动力可以通过"干中学"的方式，不断优化自己的知识结构，从而获得更多的人力资本积累，进而提升集聚区内产业的劳动生产水平。对于劳动力来说，复合型知识结构可以在不同行业之间进行切换，以获取更高的要素报酬。

2. 产业协同集聚通过产业融合实现产业结构升级

产业结构的提升体现在三次产业结构的变化和各个产业的内部结构的优化方面，也就是从第一、二产业向第三产业发展，产业类型从劳动密集型为主转向技术密集型为主。产业协同集聚为产业之间的融合提供了实现条件，产业融合推动产业结构向高级化方向发展。

产业间的协同集聚能促进行业间的专业化分工，使产业链可以向前或向后延伸，加速推进行业间的深度整合，进一步模糊产业边界，从而催生新产业、新模式和新业态，促进资源有效利用，提质增效，促进绿色生产。生产性服务业在制造业领域的渗透，可以从两个层面上推动制造业的发展：第一，制造业向"制造业+智能化"方向发展。在制造业设计、生产和销售等全产业链的各个环节，生产性服务业渗透其中，对制造业的生产、管理、价值链产生了重大的影响。两种产业的融合，也会产生以信息化、智能化为主要特征的新产业，产生和推动了智能制造，制造业过去是以劳动密集型和资本密集型为主，经过这种互动融合，使制造业向自动化和智能化方向发展，也使得制造业向知识型和技术密集型转变，最终实现制造业的转型升级。第二，制造业向"制造业+服务化"方向发展。制造企业从传统的以产品为主体的企业，向以生产产品和提供服务为核心的企业转变，向"微笑曲线"两端推移，以增加产品的附加值，企业的经营理念在发生变化（蔡跃洲、张钧南，2015）。两种产业协同、融合，生产性服务业为制造业提供技术服务，并对生产资源进行有效整合，在向制造业提供精细化服务的过程中，生产性服务业更加专业化和精细化，从而带动了服务业的发展，促使产业结构向服务化方向发展，实现产业结构升级。

（二）产业结构升级有助于提高绿色全要素生产率

产业结构优化的过程，是对要素进行优化组合、重新配置的过程，可以有效降低能耗、提高生产效率、减少环境污染，从而提升绿色全要素生产率（刘耀彬 等，2017；刘赢时 等，2018）。

第一，从要素配置的角度看。随着产业结构的调整，劳动力、资本等生产要素在产业间的配置效率提高，带动了各类生产要素的结构调整，使生产效率得到了显著的提高，同时也对经济的发展起到了积极的推动作用（赵领娣，2016；张益宗，2014）。林伯强等（2013）的一些研究结果表明，地区与行业间的资源错配会导致资源的配置结构发生畸变，使能源使用效率出现畸变，进而不仅会导致能源的低效使用，而且会加剧环境污染（二氧化硫、二氧化碳的排放量增加）。新一代的生产性服务业（如大数据、云计算等）与制造业的协同集聚，推动了数字经济新的经济形态，并借助公共服务平台，消除信息壁垒，增强市场上的商品信息和服务信息的透明度，实现供需信息的有效匹配，从而减少资源闲置，促进了对资源、能源的有效利用。

第二，从产业融合的角度看。产业协同集聚过程中，生产要素更多地向环境友好型和前沿技术主导型的战略新兴产业等具有较高的绿色全要素生产率的产业转移，生产性服务业中的物流业、通信业、科技咨询业等行业，为传统制造业提供专业化的配套服务，提高能源的精细化利用水平，从而有效减少资源浪费，降低污染物等的排放成本。张治栋、秦淑悦（2018）认为，对于传统的高能耗的重工业，应把信息化技术融入生产流程中，优化设计生产过程，以达到优化配置生产要素、降低污染和温室气体排放的目的。产业协同集聚时，高新技术产业的技术波及作用能够有效带动传统产业的技术进步，进一步推动能源集约利用和治污技术的改进，有利于逐步淘汰高耗能、高污染产业，促进经济结构清洁化发展。韩峰（2018）等学者的研究表明，服务业集聚的地区，单位能源消耗量相对较低，有利于实现生产过程的绿色化，生产出高附加值的绿色产品，提升绿色效率。

综上所述，产业协同集聚，促进了资源配置的优化和产业的融合，推动了产业结构的升级改造，实现了绿色经济的可持续发展。这一过程如图2-3所示。

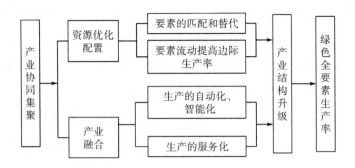

图 2-3　产业协同集聚通过产业结构升级影响绿色全要素生产率

由此，本书提出假说 H3：产业协同集聚通过产业结构升级影响绿色全要素生产率。后续第六章将对产业结构升级在其中所起的中介效应进行影响机制的检验。

第四节　产业协同集聚影响绿色全要素生产率的门槛效应

一、门槛效应的存在性及相关文献

集聚产生的效应是一个动态复杂的系统。当外在因素和条件发生改变时，集聚效应的方向和强弱都会发生变化。为了证实是否存在这种情况，我们梳理有关产业集聚经济效应的文献，发现有大量的产业集聚门槛效应的相关文献。这些集聚效应包括产业集聚对经济增长、全要素生产率、城市经济效率、环境污染等问题的影响。如王丽丽和范爱军（2009）在研究产业集聚与全要素生产率增长之间的关系时，采用中国 28 个制造企业的面板数据，以产业集聚水平为门槛变量进行实证检验，结果表明存在显著的门槛效应，当产业集聚值位于 0.015 5～0.049 2 之间时，能有效促进全要素生产率的增长；李子叶等（2015）分别以生产性服务业集聚度、FDI、对外开放度为门槛变量，研究发现，集聚对经济增长产生影响时存在门槛效应，而且集聚对经济增长的影响程度是先增加后减少，呈 U 形特征。孙晓华和郭玉娇（2013）、于斌斌（2015）将城市规模作为门槛变量，研究发现，生产性服务业与制造业间的集聚对城市人均 GDP 的影响受到城市规模的制约，即存在门槛效应。蔡海亚（2019）的研究认为，产业协同集聚和环境污染存在门槛效应，当以对外开放度为门槛变量时，产业协同集聚的环境效应越过门槛值后，会随着开放程度的加大而增强。

大量已有的研究表明，在各种外在因素的作用下，集聚效应可能存在门槛效应。这种门槛效应表现为，当设定的门槛变量突破某一阈值前后，集聚效应的影响方向将会不同，也就是影响不再是线性的。这些研究为本书的深入分析提供了借鉴，但已有的研究聚焦于专业化集聚，本书着力于制造业与生产性服务业集聚的协同集聚，借鉴已有文献的研究方法和研究成果，分析当经济发展水平、FDI、城市规模这些外在因素发生改变时，产业协同集聚对绿色全要素生产率产生的影响是否存在门槛效应。

二、经济增长水平为门槛变量的效应分析

产业协同集聚会因经济增长处于不同阶段，对绿色全要素生产率产生异质性影响，即经济增长水平成为产业协同集聚影响绿色全要素生产率的门槛变量。

经济发展初期，各城市的地方政府往往追求的是地区生产总值的增加。这个阶段是城市努力摆脱贫困，走出贫困陷阱的时期，一切以经济增长为导向。产业集聚，一方面助力了经济的高速增长，但另一方面也

为环境带来了负面效应。不仅是在中国,其他西方国家的经济发展史中,也存在先污染后治理的现象。在经济增长的初始阶段,常常有经济高增长、高能耗、高污染同时并存的现象。对于消费者来说,这个阶段的主要任务是解决温饱问题,而对环境保护要求不高;对于企业来说,经济发展水平较低时,其生产以加工制造为主,高污染、高能耗的设备居多,绿色技术水平也相对较低,清洁技术相对落后,缺乏资金购买高昂成本的除污设备;对于政府来说,环境保护政策的制定以及执行并不够严格,因为相对环境保护来说,政府面临的更大的压力是经济增长。若某一城市环境政策执行严格,那些高能耗、高污染的产业就会转移到周边环境政策压力相对较小的城市。因此,为了保增长、稳就业,各地方政府在实施环境政策方面都比较谨慎。总之,此阶段,产业协同集聚对绿色经济的影响甚微,甚至是负向影响。

当经济增长发展到一定阶段后,经济增长会关注可持续发展问题。产业的增长方式要从以资源投入为主转向以效率为主,追求绿色和效率共存的可持续的生产方式。随着生活水平的提高,公众更注重自身的健康问题,更有意愿购买绿色、健康的产品;对企业来说,需求侧的改变,加上环境保护政策的外在压力,让企业不得不转向生产绿色产品,尤其是高耗能、高污染的制造业企业会更倾向于与生产性服务业融合,借助生产性服务业的高技术、高知识密集的优势,加快绿色技术的创新,加速清洁技术的推广;对于政府来说,随着经济增长,政府财力有所提高,对环境治理也会投入更多的经费,如可以为企业提供公共的治污设施,筹建企业可以交流的信息平台,同时,也会出台更为严格的环境保护政策。同时,集聚的扩大,也带来了规模化生产,更有利于实现共享经济(共享基础设施、共享治污设施、共享劳动力市场、共享知识经济),能有力推动生产效率的提高,提升绿色全要生产率的提高。

总之，随着经济增长，公众、企业、政府都有能力也有内在的驱动力去提高能源的使用效率，减少环境污染。

由此，本书提出假说 H4：受人均 GDP 的影响，产业协同集聚与绿色全要素生产率呈非线性关系，存在门槛效应。本书将在第七章对这一假说进行门槛效应的实证检验。

三、外商直接投资为门槛变量的效应分析

随着对外开放的深入，一国将不断融入经济全球化的进程中，国外资本源源不断进入本国。在各地产业集聚区，地方政府招商引资的优惠政策也将吸引众多的外资企业进入，从而带来的溢出效应、竞争效应、污染效应会对城市的生产效率以及环境产生影响。盛斌和吕越（2012）研究认为，局部的环境问题会伴随着贸易等媒介转移成为全球性的污染问题；也就是说，产业在集聚过程中，可能会通过 FDI 影响环境，进而影响绿色经济。城市的开放程度不同，引进外资的政策不同，引进资金的规模也有所不同，FDI 在其中发挥的作用也是有差异的。已有研究对 FDI 的环境效应持两种截然相反的观点：一种观点是"污染避难所"，认为 FDI 不利于当地的环境保护；另一种观点是"污染光环"，肯定了 FDI 的环境效应的积极作用。

"污染避难所"假说认为，一些国家尤其是一些发达国家，在环境方面的政策较为严格，一些高污染、高能耗的资源消耗型产业，为了规避本国高昂的环境污染成本，而转移到其他环境政策较为宽松的国家，可以有效降低污染密集型产业的生产成本。FDI 资金流向主要是从发达国家流向发展中国家，这些发展中国家就成为这些高污染产业的"污染的天堂"（沈国兵、张鑫，2015），甚至一些发展中国家为了吸引外资，不惜降低本国的环境政策标准。在财政分权的体制下，一些地方政府为

了追求 GDP 增长，可能会暗中降低环境政策的标准以吸引外资，形成"底线竞争"的现象（朱平芳，2011；史青，2013；唐杰英，2017）。并且，吸引进来的 FDI 资金可能会流向高污染、高耗能企业，这些企业成了集聚区内环境污染的制造者，而集聚区也成了一些国家逃避本国环境规制的场地，这显然不利于当地绿色经济的发展（朱婕、任荣明，2015；聂飞、刘海云，2016）。

"污染光环"假说认为，FDI 的进入具有促进绿色全要素生产率提升的作用。李金凯（2017）和谢波（2019）的研究都认为，在产业集聚过程中，FDI 能发挥知识溢出效应、竞争效应以及示范效应，进而影响绿色全要素生产率。综合来看，FDI 在提升绿色全要素生产率方面，主要表现为以下三个方面：第一，共享经济效应。外商投资企业的进入，带来了先进的生产技术和高端的生产设备，有利于扩大当地的产业规模；同时，有利于促使当地改造升级原有的大排放量设备，企业间互相学习、借鉴、吸收先进技术和管理经验，共享低碳生产工序，可以提高资源配置效率，发挥集聚的规模效应，减少资源的消耗，提高效率。第二，竞争效应。外资企业带来的先进的环境保护技术和清洁技术会产生知识外溢效应，对当地人员的知识技能水平的提升起到积极作用，促使低碳技术融入生产的各个生产环节；外资企业的进入，也会产生波特外部性，国内市场竞争加剧，倒逼国内企业必须不断挖掘其自身潜力、提高竞争优势，以适应市场；此外，引进外资企业也会带来环境管理体系，在降低污染物排放数量的同时，能够促进环境治理技术水平和效率的提高（李斌 等，2016），进而提升绿色全要素生产率。第三，结构效应。近年来，我国在引入 FDI 时，除了总额增长外，引入的产业结构也在发生改变，在 FDI 总额中，第三产业比重呈上升趋势，第二产业比重呈下降趋势（范洪敏，2020），FDI 引入的先进技术和先进设备将有力提高生产效率，发展绿色生产。

由此，本书提出假说 H5：受 FDI 的影响，产业协同集聚与绿色全要素生产率呈非线性关系，存在门槛效应。本书将在第七章对这一假说进行门槛效应的实证检验。

四、城市规模为门槛变量的效应分析

产业的协同集聚在发展过程中，会受到城市本身发展的影响。城市在地理上的区位因素、资源禀赋、工业化的进程、产业政策和市场需求结构是个综合体。规模不同的城市在产业中的分工和地位是不同的。产业协同集聚效应的有效发挥受到城市要素资源配置效率的影响；产业协同集聚的规模效应和技术效应的有效发挥则受到城市规模的影响。也就是说，集聚对绿色全要素生产率的影响与城市规模有关。不同规模的城市对生产性服务业与制造业的协同集聚产生的影响不同。在城市发展的不同阶段，主导产业部门也会发生变化，城市规模通过要素流动、配置以及由此引起的交易成本的变化来影响产业的空间布局，进而也影响和决定着产业协同集聚的动态演进过程。

在发展初期，城市规模较小，商务成本不高，制造业是城市发展的主要推动力，因此制造业集聚更为普遍，此时生产性服务业的发展相对滞后，与制造业发展相关联、相匹配的生产性服务业的种类比较单一，数量上相对不足，专业化集聚的特征更为明显。城市规模小，市场容量也较小，生产性服务业的发展难以支撑与制造业的协同、匹配发展，两种产业的供需求结构不平衡，资源配置扭曲。因此，规模较小的城市，受制于集聚结构，在对绿色全要素生产率产生影响时，提升效应较小，甚至是负向的效应。

相对而言，较大规模的城市对提升绿色全要素生产率有更大的促进

作用。①大城市的基础设施更完善，市场潜能更大。占据基础设施和市场潜能的有利条件，大城市往往更容易吸引企业进驻；同时，大城市的市场容量较大，生产性服务业更易于形成本土化市场效应，从而更容易发挥规模效应的优势。②大城市更易于集聚各种生产要素。受到人才归类效应的影响，较大规模的城市可以降低产业部门在搜寻劳动力以及信息的成本，也更能提供较多的就业机会来吸引劳动力的迁入，尤其是高端人才的迁入，通过循环累积因素，大城市的人力资本储备往往更具优势，从而能吸引更多的高端经济活动，发展更多、更高端、更发达的服务业。高端服务业的发展高度依赖于知识密集型的人力资本，大城市对高素质人才更具吸引力，高端服务业在规模较小的城市要付出更大的代价才能获取人力资本要素（张浩然，2015）。除了人力资本要素，其他高端稀缺要素（如资金、信息、技术等）也更易于在规模较大的城市集聚。③大城市的集聚模式更易于发挥知识溢出效应。城市制造业发展规模的扩大以及层次的提高，对生产性服务业也提出了更高质量、更加多样化的需求，较大规模的城市，往往多样化集聚更发达，生产性服务业与制造业两种产业的发展更加紧密，尤其是大城市中的高端服务业更易与其垂直的产业形成柔性生产综合体（金晓雨，2015），通过前向、后向关联对制造业进行升级改造，更易于不同行业的隐性知识和显性知识在协同集聚过程中进行传播，通过知识溢出效应促进绿色生产。

由此，本书提出假说 H6：受到城市规模的影响，产业协同集聚与绿色全要素生产率间呈非线性关系，存在门槛效应。本书将在第七章对这一假说进行门槛效应的实证检验。

第三章　产业协同集聚的测算及时空变化特征分析

本章利用区位熵构建产业协同集聚指数，对长江经济带 70 个城市生产性服务业与制造业协同集聚指数进行测算，在此基础上，对长江经济带产业协同集聚的变化特征进行描述性分析，并根据这一现状分析，为接下来分析产业协同集聚的绿色经济效应提供事实依据。本章在分析时，主要从两个层面展开：第一，总体样本的分析，即利用产业协同集聚的计算公式进行计算，并根据所得数据，分析 2008—2019 年长江经济带产业协同集聚的状况；第二，局部样本的比较分较，即对长江经济带内部的主要城市群（长江三角洲城市群、长江中游城市群和成渝城市群）的产业协同集聚的特征进行描述，并对三大城市群的产业协同集聚进行异质化分析。

第一节　产业协同集聚的测算

一、测算产业协同集聚的方法

本书基于数据的可获得性，采用的是相对指数法，借鉴张虎

（2017）等人的产业协同集聚指数计算方法，利用区位熵指数，测算长江经济带总体的产业协同集聚水平以及各城市群区域内部不同城市各自的产业协同集聚水平。计算公式如下：

$$co = 1 - \frac{|maggl - saggl|}{maggl + saggl} \qquad (3-1)$$

其中，co 为产业协同集聚指数，maggl 为制造业区位熵指数，saggl 为生产性服务业的区位熵指数。

制造业、生产性服务业集聚的区位熵指数在计算时采用以下公式：

$$maggl_{mi} = (l_{mi}/l)/(l_m/l) \qquad (3-2)$$

$$saggl_{mi} = (l_{si}/l)/(l_s/l) \qquad (3-3)$$

其中，l 为中国全行业的就业数，l_m 和 l_s 表示在其中的制造业、生产性服务业的就业数，l_{mi} 和 l_{si} 分别表示 i 城市内的制造业、生产性服务业的从业数。

二、数据说明

实证研究中，在选取数据时，没有依照两位数编码对行业进行细分，而是以数据的可获得性为基础。根据有关的统计年鉴，我们可以看到，各细分行业的就业数据具有连续性，所以根据数据统计口径的一致性，本书选取了细分行业年末单位从业人员数进行计算，数据来自各年份的《中国城市统计年鉴》。本书采用的城市层面数据，为全市范围口径的数据。

第二节　长江经济带总体样本产业协同集聚的变化
　　　　特征

　　基于对产业协同集聚测算方法的总结，本书利用长江经济带数据，分别测算了制造业集聚指数、生产性服务业集聚指数以及两者之间的协同集聚指数，并且从三个方面展开讨论，描述产业协同集聚的变化特征。具体来说，第一，从时间变化上看各个城市产业协同集聚的时间变化趋势；第二，从空间上看各个城市产业协同集聚的行业变化特征；第三，从制造业与生产性服务业内部不同细分行业的协同集聚情况进行分析。

一、产业协同集聚的时间变化趋势

　　根据协同集聚的计算公式，测算出长江经济带整体以及内部各产业之间的协同集聚指数，如图3-1所示。

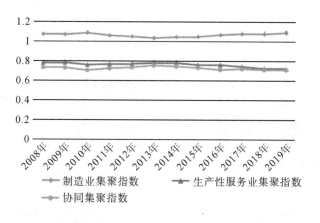

图3-1　长江经济带产业集聚指数

从图 3-1 中可以看出，2008—2019 年，长江经济带制造业集聚指数总体上大于 1，呈现波动式增长趋势。在 2013 年达到最小值 1.029 后，以后呈现逐年上升趋势，在 2019 年达到最大值 1.086。生产性服务业集聚在 2009 年达到最大值 0.781，之后从相对较高水平不断回落，2019 年达到最小值 0.719。制造业和生产性服务业的产业协同集聚指数在 0.699 7~0.752 3 范围内波动，在 2013 年达到最大值，呈波动式下降趋势。总体来说，生产性服务业集聚指数与两产业协同集聚指数具有相似的变化趋势。

二、产业协同集聚的空间变化特征

表 3-1 是我国长江经济带 70 个地级及以上城市 2008—2019 年产业协同集聚指数的几何平均值。如表 3-1 所示，从样本期间的产业协同集聚指数几何平均值看，产业协同集聚指数介于 0.326 5 和 0.955 3 之间，就其平均值来说，产业协同集聚指数最高的为上海，最低为广安，两个城市的指数差距约 3 倍，内部差异比较大。上海位于我国东部沿海地区，拥有成熟的管理经验以及技术创新的高地，吸引人才、资本集聚，协同集聚程度高于其他城市；而广安位于我国西部地区，在要素集聚方面缺乏吸引力。

表 3-1　长江经济带各城市产业集聚指数

城市	制造业集聚	生产性服务业集聚	产业协同集聚	城市	制造业集聚	生产性服务业集聚	产业协同集聚
上海市	1.185 0	1.880 6	0.955 3	上饶市	0.725 9	0.588 8	0.810 8
南京市	1.077 9	1.410 8	0.836 6	武汉市	0.930 3	1.122 5	0.907 3
无锡市	1.998 8	0.710 0	0.524 4	黄石市	1.296 6	0.486 8	0.545 9
常州市	1.654 0	0.812 5	0.659 2	宜昌市	1.252 1	0.867 0	0.795 4

表3-1(续)

城市	制造业集聚	生产性服务业集聚	产业协同集聚	城市	制造业集聚	生产性服务业集聚	产业协同集聚
苏州市	2.476 6	0.533 6	0.354 7	襄阳市	1.289 0	0.595 8	0.633 9
南通市	1.198 9	0.562 9	0.651 0	鄂州市	1.446 2	0.467 7	0.488 5
盐城市	1.044 7	0.731 4	0.820 6	荆门市	1.375 3	0.619 0	0.620 7
扬州市	1.082 0	0.580 7	0.699 6	孝感市	1.212 4	0.531 3	0.601 6
镇江市	1.698 7	0.804 8	0.643 3	荆州市	1.031 3	0.638 4	0.767 8
泰州市	1.165 9	0.631 5	0.685 6	黄冈市	0.847 4	0.486 1	0.742 5
杭州市	1.005 5	1.217 0	0.869 0	咸宁市	0.912 5	0.672 4	0.831 4
宁波市	1.618 9	0.891 8	0.710 5	长沙市	0.985 0	1.076 4	0.934 4
嘉兴市	2.201 2	0.640 5	0.451 3	株洲市	1.245 7	0.673 6	0.702 5
湖州市	1.513 6	0.637 9	0.596 1	湘潭市	0.873 6	0.894 4	0.694 4
绍兴市	1.073 6	0.334 6	0.481 7	衡阳市	0.722 0	0.638 5	0.933 5
金华市	0.751 9	0.715 6	0.949 2	岳阳市	0.905 6	0.687 8	0.855 9
舟山市	0.829 9	1.334 2	0.769 4	常德市	0.701 4	0.777 6	0.899 3
台州市	1.190 7	0.650 1	0.706 1	益阳市	0.727 3	0.854 4	0.912 9
合肥市	0.875 0	1.005 3	0.934 5	娄底市	0.782 1	0.619 3	0.881 6
芜湖市	1.432 8	0.876 0	0.759 3	重庆市	0.791 9	0.901 9	0.935 6
马鞍山市	1.262 3	0.807 2	0.790 3	成都市	0.829 5	1.172 8	0.805 1
铜陵市	1.465 4	0.585 8	0.573 2	自贡市	0.779 4	0.964 2	0.844 0
安庆市	0.733 3	0.724 6	0.778 3	泸州市	0.557 2	0.624 9	0.928 0
滁州市	0.947 1	0.813 2	0.834 2	德阳市	1.251 5	0.708 7	0.722 7
池州市	0.641 1	1.040 5	0.755 3	绵阳市	1.074 1	1.064 1	0.894 8
宣城市	0.918 7	0.714 2	0.869 7	遂宁市	0.692 6	0.451 6	0.798 3
南昌市	0.899 6	0.984 8	0.909 1	内江市	0.782 5	0.587 4	0.859 7
景德镇市	1.290 3	0.676 5	0.689 1	乐山市	0.960 6	0.697 9	0.846 6
萍乡市	0.989 2	0.618 5	0.767 1	南充市	0.488 2	0.852 7	0.700 9

表3-1(续)

城市	制造业集聚	生产性服务业集聚	产业协同集聚	城市	制造业集聚	生产性服务业集聚	产业协同集聚
九江市	1.080 8	0.730 5	0.807 7	眉山市	0.860 5	0.495 8	0.733 6
新余市	1.627 0	0.519 8	0.485 7	宜宾市	1.053 9	0.636 1	0.754 1
鹰潭市	1.213 6	0.682 6	0.734 2	广安市	0.237 9	0.787 6	0.326 5
吉安市	0.849 2	0.816 7	0.569 1	达州市	0.366 1	0.757 3	0.648 5
宜春市	1.127 7	0.639 5	0.730 0	雅安市	0.486 3	0.776 7	0.770 2
抚州市	0.711 8	0.522 0	0.846 2	资阳市	0.776 1	0.748 3	0.878 2

三、产业协同集聚的行业变化特征

根据前文的界定，生产性服务业内部包括 5 种细分行业。根据产业协同计算公式，我们分别计算出了这些细分行业与制造业的协同集聚指数，结果如图 3-2 所示。

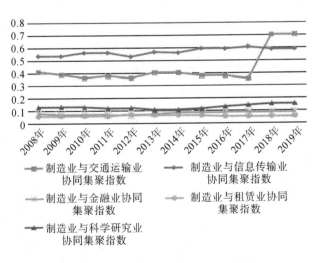

图 3-2　长江经济带制造业与各细分行业协同集聚指数

从制造业与各细分行业协同集聚的变化趋势上来看，制造业与信息传输业的协同集聚指数总体上呈现波动上升的趋势，说明信息传输业在生产性服务业中占据的比重越来越大，在制造业中也发挥着越来越重要的作用。制造业与交通运输业的协同集聚指数 2017 年急剧上升，2018年以后趋于稳定。制造业与科学研究业的协同集聚指数呈现先下降后上升的态势，2013 年达到最低点后，2014 年开始一直处于上升态势。

第三节　长江经济带分城市群产业协同集聚的变化特征

前文对长江经济带总体样本的产业协同集聚的测算结果分析表明，2008—2019 年，长江经济带产业协同集聚指数的区域差异显著。接下来，我们将更为具体地分析长江三角洲城市群、长江中游城市群、成渝城市群的产业协同集聚的情况。

一、分城市群产业协同集聚的时间变化特征

根据区位熵的计算方法，这一部分主要测度了长江三角洲城市群制造业集聚指数、生产性服务业集聚指数以及两者的产业协同集聚指数，测算结果如表 3-2 所示。

表 3-2　分城市群产业集聚指数

年份	长江三角洲城市群			长江中游城市群			成渝城市群		
	制造业集聚	生产性服务业集聚	产业协同集聚	制造业集聚	生产性服务业集聚	产业协同集聚	制造业集聚	生产性服务业集聚	产业协同集聚
2008	1.365	0.861	0.765	0.970	0.732	0.778	0.763	0.722	0.701
2009	1.361	0.867	0.772	0.979	0.713	0.780	0.742	0.760	0.707

表3-2(续)

年份	长江三角洲城市群			长江中游城市群			成渝城市群		
	制造业集聚	生产性服务业集聚	产业协同集聚	制造业集聚	生产性服务业集聚	产业协同集聚	制造业集聚	生产性服务业集聚	产业协同集聚
2010	1.365	0.859	0.754	1.019	0.672	0.732	0.736	0.746	0.694
2011	1.297	0.841	0.765	1.013	0.696	0.76	0.739	0.764	0.717
2012	1.278	0.857	0.779	1.012	0.691	0.758	0.724	0.768	0.737
2013	1.169	0.857	0.790	1.031	0.714	0.793	0.794	0.755	0.730
2014	1.187	0.812	0.789	1.062	0.739	0.765	0.761	0.791	0.730
2015	1.197	0.802	0.796	1.071	0.712	0.739	0.747	0.766	0.716
2016	1.224	0.81	0.744	1.094	0.683	0.725	0.749	0.812	0.713
2017	1.243	0.818	0.798	1.096	0.648	0.737	0.762	0.773	0.663
2018	1.294	0.774	0.804	1.067	0.656	0.732	0.725	0.751	0.669
2019	1.282	0.763	0.891	1.068	0.667	0.731	0.719	0.748	0.722
平均值	1.272	0.827	0.787	1.040	0.694	0.753	0.747	0.763	0.706

（一）长江三角洲城市群

从表3-2中可以看出，2008—2019年，长江三角洲城市群制造业集聚指数在各年均大于1，平均值为1.272，总体上呈U形变动趋势，在2012年达到最小值1.278后，指数值逐年升高。而生产性服务业集聚度和产业协同集聚均值总体都小于1，呈现波动式下降趋势，生产性服务业集聚指数平均值为0.827，生产性服务业集聚在2009年达到最大值0.867，之后从相对较高水平不断回落，2018年达到最小值0.774。制造业和生产性服务业协同集聚指数平均值为0.787，在2019年达到最大值0.891，总体来说，生产性服务业集聚指数与两产业协同集聚指数具有相似的变化趋势。

（二）长江中游城市群

从表3-2可以看出，2008—2019年，长江中游城市群制造业集聚

度指数平均值为 1.040，存在先上升后下降再上升的 N 形变动趋势。在
2009—2012 集聚指数略有下降态势，2013 年开始到 2017 年有所上升，
2018 年又有所减少。而生产性服务业集聚度和产业协同集聚均值总体
都小于 1，呈现波动式下降趋势，生产性服务业集聚指数平均值为
0.694，生产性服务业集聚指数在 2008—2012 年呈现下降态势，但从
2014 年达到最大值 0.739，之后从相对较高水平不断回落，2017 年达到
最小值 0.648，到 2018 年又略有上升。制造业和生产性服务业协同集聚
指数平均值为 0.753，在 2013 年达到最大值 0.793。

（三）成渝城市群

从表 3-2 中可以看出，2008—2019 年，成渝城市群各类集聚指数总
体上呈现波动上升的变动趋势。说明此时间段内，成渝城市群产业调整
比较大。就其集聚指数平均值来看，制造业集聚指数平均值为 0.747，生
产性服务业集聚度 0.763，两者均小于长江三角洲城市群及长江中游城市
群，产业协同集聚度平均值 0.706。成渝城市群虽然制造业的集聚程度以
及生产性服务业集聚程度并不高，但制造业与生产性服务业的匹配度比
较高，所以协同集聚度比较高。制造业集聚从 2008—2012 年在总体上呈
现下降的变动趋势，2012—2017 年呈现 N 形发展轨迹，之后到 2018 年又
开始下降。而生产性服务业集聚指数的变化总体上呈现出相似的特点，
即震荡式下降趋势。两种产业的协同集聚指数尤其在 2017—2019 年快速
上升。

（四）三大城市群的区域比较

从表 3-2 制造业集聚指数平均值来看，长江三角洲制造业集聚度的
平均值呈现出长江三角洲城市群>长江中游城市群>成渝城市群的特点，
生产性服务业集聚度呈现出长江三角洲城市群>成渝城市群>长江中游
城市群的特点。产业协同集聚的指数变化表现为与制造业集聚大致相同

的规律，也即长江三角洲城市群>长江中游城市群>成渝城市群。长江三角洲城市群，拥有优越的地理位置和成熟的市场环境，会吸引企业进一步向此地区中心集聚，极大地促进了长江三角洲城市群制造业的发展。长江三角洲城市群，资源要素集聚程度较高，产业链较完善，高端制造业较集中，同时互联网发展水平最高，加上信息技术的应用催生了新的投资热点，信息技术的资金替代了传统的资金，使得地区的技术进步较快，生产性服务业和制造业融合程度较高，协同集聚程度较高（李琳、刘琛，2018）。

长江中游城市群和成渝城市群产业协同集聚水平的提高，发展的推动力来自政府对西部大开发以及中部崛起的政策支持，借助政策红利，长江中游城市群临近长江三角洲城市群，承接制造业的转移，制造业集聚和生产性服务业集聚程度也较高。而对于成渝城市群，随着人口、资本、技术、信息等要素的加入，城市规模不断扩大，城市群不断外扩，逐渐形成了制造业集聚中心。成渝城市群的显著集聚效应源自资源型密集型制造业，如重庆市主导能源化工、车辆制造等高端先进制造业，属于资本密集型制造业，制造业集聚优势明显，制造业的大量集聚，出于对成本和商业机会的考虑，该区域更容易吸引生产性服务业围绕制造业大量的共聚，从而推动两种产业的协同集聚度不断提高。

二、分城市群产业协同集聚细分行业的时间变化特征

生产性服务业有多种细分行业，在与制造业协同过程中，发挥不同的作用，集聚程度不同。针对这一问题，对于长江三角洲城市群、长江中游城市群、成渝城市群三个城市群，本书采用2008—2019年的相关数据，测算出制造业与各细分行业的协同集聚程度。测算结果如表3-3所示。

表 3-3　分城市群制造业与各细分行业的产业协同集聚指数

城市群	年份	制造业与交通运输业协同集聚指数	制造业与信息传输业协同集聚指数	制造业与金融业协同集聚指数	制造业与租赁业协同集聚指数	制造业与科学研究业协同集聚指数
长江三角洲城市群	2008	0.357	0.615	0.091	0.049	0.174
	2009	0.344	0.600	0.089	0.044	0.182
	2010	0.333	0.597	0.087	0.046	0.175
	2011	0.358	0.610	0.082	0.045	0.159
	2012	0.354	0.606	0.079	0.045	0.155
	2013	0.390	0.578	0.081	0.042	0.110
	2014	0.368	0.578	0.085	0.050	0.116
	2015	0.349	0.614	0.087	0.05	0.126
	2016	0.336	0.621	0.088	0.052	0.149
	2017	0.327	0.629	0.087	0.056	0.163
	2018	0.629	0.627	0.094	0.056	0.182
	2019	0.631	0.611	0.079	0.061	0.184
	平均值	0.398	0.607	0.086	0.050	0.156
长江中游城市群	2008	0.414	0.545	0.090	0.048	0.103
	2009	0.379	0.570	0.073	0.064	0.106
	2010	0.339	0.608	0.077	0.059	0.106
	2011	0.358	0.624	0.071	0.056	0.102
	2012	0.340	0.570	0.064	0.080	0.115
	2013	0.387	0.637	0.088	0.080	0.105
	2014	0.373	0.622	0.107	0.089	0.104
	2015	0.346	0.677	0.106	0.085	0.116
	2016	0.338	0.659	0.108	0.064	0.128
	2017	0.309	0.675	0.105	0.060	0.135
	2018	0.735	0.65	0.104	0.064	0.145
	2019	0.756	0.649	0.113	0.059	0.158
	平均值	0.423	0.624	0.092	0.067	0.119

表3-3(续)

城市群	年份	制造业与交通运输业协同集聚指数	制造业与信息传输业协同集聚指数	制造业与金融业协同集聚指数	制造业与租赁业协同集聚指数	制造业与科学研究业协同集聚指数
成渝城市群	2008	0.508	0.398	0.053	0.095	0.106
	2009	0.486	0.377	0.047	0.085	0.096
	2010	0.463	0.434	0.046	0.085	0.100
	2011	0.455	0.382	0.045	0.084	0.089
	2012	0.415	0.341	0.037	0.112	0.090
	2013	0.470	0.435	0.051	0.080	0.105
	2014	0.517	0.434	0.057	0.050	0.103
	2015	0.495	0.426	0.057	0.046	0.104
	2016	0.525	0.435	0.060	0.044	0.113
	2017	0.481	0.460	0.063	0.036	0.124
	2018	0.776	0.423	0.06	0.033	0.126
	2019	0.828	0.419	0.062	0.344	0.131
	平均值	0.535	0.414	0.053	0.091	0.107

（一）长江三角洲城市群

表3-3报告了长江三角洲城市群的制造业与生产性服务业各细分行业的协同集聚指数各项数据结果，协同集聚指数最大的是制造业与信息传输业的协同集聚指数平均值，为0.607；其次是制造业与交通运输业的协同集聚指数平均值，为0.398；再次为制造业与科学研究业的协同集聚指数平均值，为0.156；而金融业与制造业之间的协同集聚指数、租赁业与制造业的协同集聚指数平均值则相对较低。

从制造业与各细分行业协同集聚的变化趋势上来看，制造业与信息传输业的协同集聚指数总体上波动较小，在2013年和2014年达到最小值0.578。制造业与交通运输业的协同集聚指数的数值在2013—2017年逐年下降，但到2018年后又开始增高。制造业与科学研究业的协同集聚指数呈现先下降后上升的态势，2013 年达到最低点后，2014 年开始一直处于上升态势。这个变化趋势与长江经济带总体的变化趋势一致。

（二）长江中游城市群

表 3-3 中长江中游城市群的制造业与生产性服务业各细分行业的协同集聚指数各项数据结果，最大的是制造业与信息传输业的协同集聚指数平均值，为 0.624；其次是制造业与交通运输业的协同集聚指数平均值，为 0.423；再次为制造业与科学研究业的协同集聚指数平均值，为 0.119；制造业与金融业协同集聚指数、制造业与租赁业的协同集聚指数平均值则相对较小。

从制造业与各细分行业协同集聚的变化趋势上来看，制造业与信息传输业的协同集聚指数总体上呈现波动性下降趋势，在 2009 年和 2012 年达到最小值 0.570。制造业与交通运输业的协同集聚指数，2013—2017 年逐年下降，但到 2017 年以后急剧上升，这一指标的变化特征与长江三角洲城市群的一致。制造业与科学研究业的协同集聚指数呈现先下降后上升的态势，在 2008—2013 年波动性变化后，2014 年起该指数就一直处于上升态势。

（三）成渝城市群

从表 3-3 中成渝城市群的各细分行业的协同集聚指数平均值来看，协同集聚指数最大的是，制造业与交通运输业的协同集聚指数平均指数达到了 0.535；其次是制造业与信息传输业的协同集聚相对较大，平均值为 0.414，这个结论与长江三角洲、长江中游城市群不同；再次为制造业与科学研究业的协同集聚指数平均值，为 0.107；而制造业与金融业协同集聚指数、制造业与租赁业的协同集聚指数平均值则相对较小。

从制造业与各细分行业协同集聚的变化趋势上来看，制造业与信息传输业的协同集聚指数整体呈现波动性下降变化。制造业与交通运输业的协同集聚指数总体上呈现剧烈变化的趋势，在 2012 年达到最小值，但到 2017 年以后开始急剧增加。制造业与科学研究业的协同集聚指数在 2011—2018 年大致表现为线性增加的变化趋势。

（四）三大城市群区域比较

对 2008—2019 年长江三角洲城市群、长江中游城市群、成渝城市群的制造业与生产性服务业各细分行业的协同集聚指数进行对比分析发现：

相同点：协同集聚程度最高的是制造业与信息传输业的协同集聚指数，以及制造业与交通运输业的协同集聚指数。

不同点：长江三角洲城市群和长江中游城市群，制造业与交通运输业两种产业间的协同集聚指数要大于制造业与信息传输业间的协同集聚指数；而在成渝城市群，情况则刚好相反，这是由成渝城市群所处的地理位置所决定的，该地区多山区，运输成本较高，但信息业较发达。

这个结论说明三大城市群各个城市应采取差异化的产业发展模式，各城市在深化制造业和生产性服务业融合时，尤其要注意推进制造业和生产性服务业细分行业间的协同发展，推动产业链的横向和纵向延伸。

第四章 绿色全要素生产率的测算 及时空变化特征分析

本书利用超效率 SBM 模型，测算出长江经济带 70 个地级及以上城市绿色全要素生产率的数据，数据区间为 2008—2019 年。从时间、空间对长江经济带绿色全要素生产率的变化趋势进行具体描述，为接下来分析产业协同集聚对绿色全要素生产率的影响效应提供了事实依据。本部分探析绿色全要素生产率特征从两个层次进行：第一，整体层次上，对长江经济带总体样本的绿色全要素生产率水平的变化趋势进行说明；第二，区域层次上，对长江经济带内部所包含的长江三角洲城市群、长江中游城市群和成渝城市群，对绿色全要素生产率的变化特征方面的差异性进行比较分析。

第一节 绿色全要素生产率的测算

一、测算绿色全要素生产率采用的方法

为有效解决效率指数测算中，跨期比较、决策单元的区分、变量松

弛等问题，本书采用非参数超效率 SBM 模型，同时结合全局参比的 GML 指数对城市绿色全要素生产率进行测度分析。

（一）超效率 SBM 模型

假设经济活动存在多种投入要素和多种产出，其中产出分为期望产出和非期望产出。构建生产可能性集，设定最优的生产技术前沿面时，把历年每个城市作为一个决策单元。假设每个城市是一个生产决策单元，且每个城市都有 m 种投入要素。用向量可表示为 $x \in R^m$，$y^g \in R^{s_1}$，$y^b \in R^{s_2}$，$x_i > 0$，$y_i^g > 0$，$y_i^b > 0$。把非线性的规划问题转变为线性规划问题来构造非期望产业超效率 SBM，把 SBM 模型写为

$$\omega = \min_{\lambda \bar{x}, \bar{y}^g, \bar{y}^b} \frac{\frac{1}{m} \sum_{i=1}^{m} \frac{\overline{x_i}}{x_{i_0}}}{\frac{1}{s_1 + s_2} \left(\sum_{r=1}^{s_1} \frac{\overline{y_r^g}}{y_{r_0}^g} + \sum_{k=1}^{s_2} \frac{\overline{y_k^b}}{y_{k_0}^b} \right)} \tag{4-1}$$

$$\text{s. t. } \bar{x} \geqslant \sum_{j=1, j \neq 0}^{L} \lambda_j x_j \tag{4-2}$$

$$\overline{y^g} \leqslant \sum_{j=1, j \neq 0}^{L} \lambda_j y_j^g \tag{4-3}$$

$$\overline{y^b} \geqslant \sum_{j=1, j \neq 0}^{L} \lambda_j y_j^b \tag{4-4}$$

$$\bar{x} \geqslant x_0, \ \overline{y^b} \geqslant y_0^b, \ \overline{y^g} \leqslant y_0^g \tag{4-5}$$

其中，ω 为目标函数，其值一定不小于 1；而且，ω 值越大，表明该单元越有效率。

（二）Malmquist-Luenberger 指数

Malmquist-Luenberger（ML）指数拥有跨期可比性的优势，是将所有各期所有数据加总起来作为参考集，这个指数可以解决传统生产效率指数存在的"技术退步"假象的问题，但主要是可以测算存在非期望产出时的全要素生产率。

$$ML(x^{t+1}, \ y^{t+1}, \ b^{t+1}, \ x^t, \ y^t, \ b^t)$$

$$= \left(\frac{\overrightarrow{s_v^t}(x^{t+1}, \ y^{t+1}, \ b^{t+1})}{\overrightarrow{s_v^t}(x^t, \ y^t, \ b^t)} \times \frac{\overrightarrow{s_v^{t+1}}(x^{t+1}, \ y^{t+1}, \ b^{t+1})}{\overrightarrow{s_v^{t+1}}(x^t, \ y^t, \ b^t)} \right)$$

$$= \frac{\overrightarrow{s_v^{t+1}}(x^{t+1}, \ y^{t+1}, \ b^{t+1})}{\overrightarrow{s_v^{t+1}}(x^t, \ y^t, \ b^t)} \times \left(\frac{\overrightarrow{s_v^t}(x^{t+1}, \ y^{t+1}, \ b^{t+1})}{\overrightarrow{s_v^{t+1}}(x^{t+1}, \ y^{t+1}, \ b^{t+1})} \times \frac{\overrightarrow{s_v^t}(x^t, \ y^t, \ b^t)}{\overrightarrow{s_v^{t+1}}(x^t, \ y^t, \ b^t)} \right)^{\frac{1}{2}} \qquad (4-6)$$

二、变量设定与数据来源

（一）变量设定

1. 投入变量

①劳动力。本书的劳动力投入数据采用城镇单位从业人员数，在此基础上再加入年度末城镇私营和个体从业人员数，单位为万人。

②资本。采用永续盘存法估算资本投入的数据，用城市所在省份当年固定资产投资价格指数进行平减得到各城市各年份实际固定资产投资总额。计算基期资本存量时，用在样本期内实际固定资本形成总额的年均增长率加上折旧率进行计算。折旧率参照单豪杰（2009）的算法设定为10.96%。

③能源。城市数据缺乏煤炭与石油等能源数据，采用全社会用电量数据，单位为万千瓦时。

2. 产出变量

①期望产出。本书期望产出数据采用消除价格因素的影响之后的城市实际地区生产总值来衡量。

②非期望产出。在测算时参考陆凤芝和杨浩昌（2020）的相关研究，污染物的综合指数作为非期望产出，测度污染物指数时采用工业三废排放量（工业废气、工业废水、工业固体废弃物）的数据，为消除量纲的影响，采用熵值法计算三种形态污染源的综合值，并以此衡量作

为污染物大小的指标。计算步骤如下：

首先，为了消除量纲影响，对原始数据进行归一化处理 $x_{ij}^* = \dfrac{(x_{max} - x_{ij})}{(x_{max} - x_{min})} + B$，需要对标准化后的值平移 B（2）个单位，以防止出现标准化后取值为 0 的情况，x_{max} 和 x_{min} 分别代表第 j 种污染物的最大值和最小值；其次，对各污染物的指标进行同度量化 $p_{ij} = x_{ij}^* / \sum\limits_{i=1}^{n} x_{ij}^*$，此处 n 为 70，计算出各污染物的熵值 $E_j = -\dfrac{1}{\ln(n)} \sum\limits_{i=1}^{n} p_{ij} \ln(p_{ij})$；再次，根据各指标的差异化系数，计算各指标的权重 $w_i = (1 - E_j) / \sum\limits_{i=1}^{n} (1 - E_j)$；最后，根据权重计算出环境污染综合指数 $poll_i = \sum\limits_{i=1}^{n} w_i p_{ij}$。

（二）数据来源

本章选择样本范围为长江经济带 70 个地级及以上城市，时间区间为 2008—2019 年的面板数据资料，其主要的原始数据主要来自各年《中国城市统计年鉴》，涉及的价格指数等部分数据来自《中国统计年鉴》，涉及废气、废水以及固体废弃物的数据则来自《中国环境统计年鉴》等。

第二节　长江经济带总体绿色全要素生产率的变化特征

一、绿色全要素生产率的时间变化特征

本章利用软件 MaxDEA 8.0 Ultra，根据前述效率测算方法，以长江经济带 70 个城市为研究样本，测算 2008—2019 年的绿色全要素生产率

指数，根据测算的结果绘制了图 4-1。

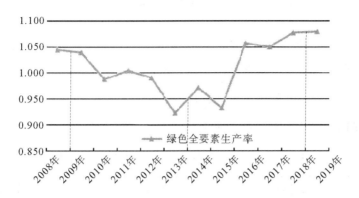

图 4-1　长江经济带绿色全要素生产率的变化特征

根据图 4-1 可以看出，绿色全要素生产率的变化可以分为两个阶段。第一阶段为 2008—2013 年，绿色全要素生产率变化趋势的主要特征为剧烈震荡下行。绿色全要素生产率从 2009 年的 1.038 下降到 2013 年的 0.921，降幅达 11.27%。变化的主要原因是继 2008 年全球金融危机之后，2009 年国家出台了四万亿的投资计划，以防止经济硬着陆；而投资项目多为基础设施，重工业比例加大，导致一批经济增长见效快但高耗能和高污染的项目上马，引发了随后的产能过剩和环境污染问题。第二阶段为 2013—2018 年，绿色全要素生产率这一指数值的变化呈现总体上升的态势，这一数值从 2013 年的 0.921 上升到 2018 年的 1.076，这个变化与"十二五"规划的环境保护政策有紧密关系。在 2015 年度实行有史以来最严厉的环境保护法，并在政府的政绩考核指标中，加入"绿色发展指标"，释放出环境保护政策的明确信号。在此期间，推行的各项政策有效提高全要素的绿色生产率，尤其是在 2017—2018 年增幅最为明显，可能是政策的时间滞后效应的结果。

二、绿色全要素生产率的空间变化特征

如表 4-1 所示，从长江经济带 70 个城市绿色全要素生产率指数看，城市绿色全要素生产率在此时间段内平均上升了 28.6 个百分点。绿色全要素生产率上升的城市占比达到样本城市总数的 73.6%，说明多数城市在绿色经济发展上都有了提高。

表 4-1 长江经济带各城市绿色全要素生产率指数

城市	城市绿色全要素生产率	城市	城市绿色全要素生产率	城市	城市绿色全要素生产率
上海市	1.030	池州市	1.022	湘潭市	1.022
南京市	1.010	宣城市	0.980	衡阳市	0.936
无锡市	1.004	南昌市	1.042	岳阳市	1.012
常州市	1.029	景德镇市	0.873	常德市	0.977
苏州市	0.994	萍乡市	0.974	益阳市	0.995
南通市	1.026	九江市	1.010	娄底市	0.876
盐城市	1.012	新余市	1.066	重庆市	1.045
扬州市	1.014	鹰潭市	0.911	成都市	1.041
镇江市	0.996	吉安市	0.954	自贡市	0.930
泰州市	1.008	宜春市	1.001	泸州市	0.915
杭州市	1.014	抚州市	1.015	德阳市	0.964
宁波市	1.015	上饶市	1.051	绵阳市	0.948
嘉兴市	1.011	武汉市	1.031	遂宁市	0.978
湖州市	0.988	黄石市	0.954	内江市	1.003
绍兴市	0.990	宜昌市	0.994	乐山市	0.990
金华市	1.008	襄阳市	0.966	南充市	0.951
舟山市	0.981	鄂州市	0.956	眉山市	0.974

表4-1(续)

城市	城市绿色全要素生产率	城市	城市绿色全要素生产率	城市	城市绿色全要素生产率
台州市	0.977	荆门市	0.897	宜宾市	0.983
合肥市	1.037	孝感市	0.948	广安市	0.974
芜湖市	1.045	荆州市	0.908	达州市	1.009
马鞍山市	0.957	黄冈市	1.044	雅安市	1.011
铜陵市	0.949	咸宁市	1.026	资阳市	1.023
安庆市	0.995	长沙市	1.068		
滁州市	0.997	株洲市	0.991		

从表4-1中可以看出，绿色全要素生产率指数较大的城市中，位于长江三角洲城市群中的城市居多，并且从各年变化情况来看，如上海、南京、泰州各年绿色全要素生产率指数各年都较大。绿色全要素生产率较低的城市中，位于长江中游城市群的城市居多，如孝感、荆门等城市。总体来看，处于沿海的城市绿色全要素生产率要高于内陆地区的，造成这种差异的原因主要有：一是产业发展的阶段不同，长江三角洲城市群中，城市多是沿海地区，产业发展进入后工业发展阶段，发展模式上，正在从高能耗向高技术转变，一些高污染的制造业以及制造环节，正在向中西部的城市转移，作为产业转移的接受方，长江中游城市群和成渝城市群的多数城市，还处于工业化中期阶段，发展模式仍然以高投资、高污染企业居多；二是开放程度不同，如长江三角洲城市群的沿海城市对外贸易发达，开放程度更高，技术溢出效应更为明显；三是长江三角洲沿海地区的城市，高校、科研机构林立，更容易形成人力资本的积累效应，以及各种优质生产资源发挥集聚效应，城镇化发展程度高，极大地推动了当地绿色全要素生产率增长。

第三节　长江经济带分城市群绿色全要素生产率的变化特征

一、分城市群绿色全要素生产率的时间变化特征

上文分析了长江经济带总体样本绿色全要素生产率的情况，接下来，本节将深入城市群内部，分别考察在 2008—2019 年三大城市群城市绿色全要素生产率的变化特征。根据测算出的数据，可绘制出图 4-2。

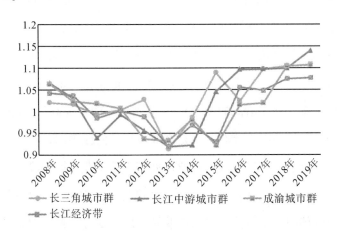

图 4-2　分城市群绿色全要素生产率的变化特征

如图 4-2 所示，长江经济带三大城市群在 2008—2019 年，绿色全要素生产率指数大致都是呈现先下降后上升的趋势，长江三角洲城市群和长江中游城市群均在 2013 年达到最小值（分别为 0.915 和 0.921），均在 2019 年达到最大值（分别为 1.105 和 1.016），而成渝城市群在 2015 年达到最小值 0.923，在 2019 年达到最大值 1.105。共同点是在

2008—2013 年，三大城市群的绿色全要素生产率指数都呈现下降趋势，而在 2013—2019 年都有所上升，且 2019 年长江经济带三大城市群的绿色经济增长幅度都显著大于 2018 年；此外，三大城市群绿色全要素生产率的变化趋势，与长江经济带总体的变化趋势基本趋同。比较三个城市群在样本期间的增长幅度，长江三角洲城市群绿色全要素增长率增幅最大，在 11 年间增长率达 8.1%，大于成渝城市群的 3.8% 和长江中游城市群的 3.1%。相比于成渝城市群和长江中游城市群，长江三角洲城市群绿色经济发展的速度更快。2008—2019 年，《长江经济带发展规划纲要》等 10 余个专项规划和文件对绿色发展提出了要求，生态环境保护水平得到了明显的提高。从整体来看，随着时间的推移，三大城市群的绿色全要素生产率变化趋势呈现出一致性。

二、分城市群绿色全要素生产率的差异性分析

从前面的分析可以看到，绿色全要素生产率这一指数的变化，在三个城市群之间进行比较时，存在着较大的差异。Theil 指数是一个更为精确的测算区域间发展不均衡程度的指标，常被用来测算区域间的差异。为了更为细致地分析三个城市群内部发展不平衡的程度，本书接下来将采用 Theil 指数法进行分析。计算 Theil 指数的公式如下：

$$T = \frac{1}{n} \sum_{i=1}^{n} \frac{K_i}{\mu} \ln \frac{K_i}{\mu} \qquad (4-7)$$

$$T = T_A + T_O \qquad (4-8)$$

$$T_A = \frac{1}{n} \sum_{k=1}^{m} \frac{n_k}{n} \frac{\mu_k}{\mu} T_K \qquad (4-9)$$

$$T_O = \sum_{k=1}^{m} \frac{n_k}{n} \frac{\mu_k}{\mu} \ln \frac{\mu_k}{\mu} \qquad (4-10)$$

把绿色全要素生产率按从小到大的顺序进行排列，K_i 为第 i 个城市的绿色全要素生产率值，μ 为样本总数均值。T 表示利用第 k 组样本计算出的 Theil 指数，T_A 表示的城市群内部的 Theil 指数，表示组内差异。T_O 表示城市群之间的 Theil 指数，表示组间的差异，在公式中 n 为样本总量，m 为组数，在本书中取为 3。

绿色全要素生产率 Theil 指数组内和组间差异及贡献率如图 4-3 所示。

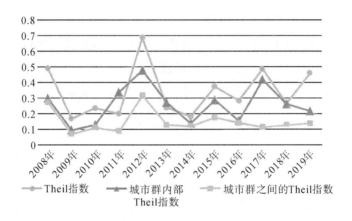

图 4-3 绿色全要素生产率 Theil 指数组内和组间差异及贡献率

从图 4-3 可以看出，总体上来说，2008 年长江经济带的 Theil 指数为 0.489，在 2012 年达到 0.683，成为统计期间的最大值；2014 年长江经济带的 Theil 指数达到最小值 0.179，到 2019 年增长为 0.456，虽然此变化呈波浪式起伏，但从期初到期末两个时间点来看，Theil 指数在减小，说明长江经济带绿色全要素生产率在考察期城市间的不均衡程度在缩减。从组内差异和组间差异两个差异的贡献度来看，绿色全要素生产率的城市群内部差异的贡献度比起城市群之间差异的贡献度更大，但是这一差异比较微小。

2008 年城市群内部差异 Theil 指数为 0.296，在 2012 年达到峰值 0.473，2014 年达到最小值 0.136，2019 年又增长为 0.215，与总体的

Theil 指数变化趋势相近。从期初到期末两个时间点来看，城市群内部差异变小。

2008 年城市群之间差异的 Theil 指数为 0.272，2019 年这一数据为 0.135，组间差异减少的趋势比较明显。多数年份，城市群内部差异 Theil 指数比起城市群之间 Theil 指数差异大，有些年份差异显著。例如，2017 年，长江经济带城市群组内差异 Theil 指数为 0.415，而组间差异仅为 0.111，相差约 4 倍。这说明长江经济带绿色全要素生产率的差异根源在于城市群内部的差异。

第五章 产业协同集聚影响绿色全要素生产率的空间效应检验

本书第二章利用外部性理论和新经济地理理论，分析了产业协同集聚对绿色全要素生产率的影响机制，是理论层面的分析；第三章描述了产业协同集聚现状以及特征；第四章则刻画了绿色全要素生产率的变化特征。理论机制的分析是建立在一系列的假设基础上的，这个假设与现实情况是否相符，还需要以实际数据为基础的实证研究来进行验证。因此，本章将建立空间计量模型，从空间效应的角度研究产业协同集聚对绿色全要素生产率的影响。

第一节 空间计量模型的研究设计

传统的计量模型，把样本看成相互独立的。本书第二章从理论上对绿色全要素生产率进行了深入分析，认为样本地区的绿色全要素生产率不仅受到本地产业协同集聚水平的影响，还会受到空间上其他地区的产业协同集聚及其绿色全要素生产率的影响。此外，当样本之间存在空间上的相关性时，如果仍采用传统的计量模型，在估计时，结果很容易出现偏差。空间计量模型是对传统计量模型的修正，空间计量模型不仅考虑了本身解释变量的影响，而且考虑了样本之间的空间关联。在进行空量计量模型分析时：第一步要判断变量间是否存在空间相关性；第二步要根据实际情况构建空间权重矩阵，建立空间回归模型；第三步要对参数进行估计，并对估计结果进行分析。

一、空间相关性的检验方法

利用空间计量模型进行估计之前，先决条件是先要进行空间相关性检验。最为常用的空间相关性检验方法是莫兰指数（Morans' I）检验，即根据指数大小以及方向来判断变量之间空间相关性的状况。计算莫兰指数的公式如下：

$$I = \frac{\sum\limits_{i=1}^{n} \sum\limits_{i=1}^{n} w_{ij}(p_i - \bar{p})(p_j - \bar{p})}{S^2 \sum\limits_{i=1}^{n} \sum\limits_{i=1}^{n} w_{ij}} \tag{5-1}$$

式中，$S^2 = \frac{1}{n} \sum\limits_{i=1}^{n} (p_i - \bar{p})^2$，$\bar{p} = \frac{1}{n} \sum\limits_{i=1}^{n} p_i$，$w$ 为空间权重矩阵，选择经济地理嵌套权重矩阵，p 为绿色全要素生产率水平。

计算出的莫兰指数的取值介于−1 到 1 之间，可正可负，也可以为零。若莫兰指数为零，说明两变量之间不存在空间相关关系。

二、空间权重矩阵的选择

空间权重矩阵能准确反映个体间的空间相关关系，是空间计量分析的关键，能直接决定分析的结果。以一个二元对称空间距离权重矩阵来表达 n 个位置的空间区域的邻近关系，对于空间序列 $\{x_i\}_{i=1}^{n}$，记区域间的距离为 w_{ij}，矩阵形式如下：

$$W = \begin{pmatrix} w_{11} & \cdots & w_{1n} \\ \vdots & & \vdots \\ w_{n1} & \cdots & w_{nn} \end{pmatrix} \qquad (5-2)$$

式中，主对角线上元素为 0，表示 n 阶对称矩阵。w_{ij} 表示城市 i 与城市 j 的临近关系，临近的程度可以根据距离标准或是邻接标准或是经济关系来进行度量。

常见的空间权重矩阵有以下四种：

第一种，地理邻接权重矩阵，这种矩阵最常见也是最简单的，以是否相邻为依据进行赋值，以 Rooks 相邻为例，如果城市 i 和城市 j 拥有共同边界，则取值为 1，否则取值为 0。若 W_{ij} 地理邻接权重矩阵的第 (i, j) 个元素，则其表达式如下：

$$W_{ij} = \begin{cases} 1, & i \neq j \\ 0, & i = j \end{cases} \qquad (5-3)$$

式中，若城市 i 和城市 j 拥有共同的边界，是相邻的城市，则 $W_{ij} = 1$；而城市 i 和城市 j 没有共同的边界，不相邻，则 $W_{ij} = 0$。

第二种，地理距离权重矩阵。这种矩阵考察时主要依据是地理距离。现实中，相邻或是不相邻的城市之间都会产生空间效应，空间效应与地理距离有直接关系，地理距离越近，这种空间效应越大。城市 i 与城市 j 之间的地理距离成为构建矩阵的重要参数。在地理距离矩阵中，对角线的值都取为 0，其他地方的元素，则取两城市间地理距离的平方的倒数。在具体应用时，可以通过两个城市的市中心经纬度坐标数据计算得到地理距离。地理距离权重矩阵的公式如下：

$$W_{ij} = \begin{cases} \dfrac{1}{d^2}, & i \neq j \\ 0, & i = j \end{cases} \qquad (5-4)$$

式中，d 为两城市之间的地理距离。

第三种，经济距离权重矩阵。经济发展程度越相似，城市之间的联系越多，通常认为经济发展水平相近的两个城市之间的经济往来可能会更密切，交互影响会相对更大。以两个城市间的人均居民收入水平差的倒数作为经济距离参数进行设定。收入差距越小，权重越大，空间影响越大。经济距离权重矩阵的公式如下：

$$W_{ij} = \begin{cases} \dfrac{1}{|\overline{G_i} - \overline{G_j}|}, & i \neq j \\ 0, & i = j \end{cases} \tag{5-5}$$

式中，$\overline{G_i}$ 和 $\overline{G_j}$ 分别表示城市 i 和城市 j 的实际人均 GDP。

第四种，经济地理嵌套权重矩阵。这种矩阵同时考虑地理距离和经济行为，此种矩阵既和地理距离相关，又受到经济活动的影响，这种设定更为接近现实。经济地理嵌套权重矩阵的公式如下：

$$W_{ij} = \begin{cases} \dfrac{\overline{G_i} \times \overline{G_j}}{d_{ij}^2}, & i \neq j \\ 0, & i = j \end{cases} \tag{5-6}$$

式中，$\overline{G_i}$ 和 $\overline{G_j}$ 分别表示城市 i 和城市 j 的实际人均 GDP，d 为城市 i 和城市 j 的地理距离。

在实际操作中，通常要先对矩阵进行行标准化，使每行元素之和为 1。

三、空间计量模型的构建

若空间相关性检验通过，就可以选择合适的空间计量模型进行估计。空间面板模型是截面模型的拓展，更为常用。在具体的模型形式中，最常采用的是 SAR（空间滞后模型）、SEM（空间误差模型）、

SDM（空间杜宾模型）三种模型。

（1）空间滞后模型（SAR）

$$Y_{it} = \rho \sum_{j=1}^{F} w_{ij} Y_{it} + \beta X_{it} + \theta M_{it} + \mu_i + \varepsilon_{it} \qquad (5-7)$$

式中，$\varepsilon_{it} \sim N(0, \sigma_{it}^2)$，$\rho$ 是空间滞后归系数，ε_{it} 为随机扰动项，μ 为空间特定效应，M 为控制变量，w_{ij} 为空间权重矩阵。

空间滞后模型反映了周边区域被解释变量对本地区被解释变量的空间内生交互影响。

（2）空间误差模型（SEM）

$$Y_{it} = \rho \sum_{j=1}^{F} w_{ij} Y_{it} + \beta X_{it} + \theta M_{it} + \mu_i + \varepsilon_{it} \qquad (5-8)$$

$$\varepsilon_{it} \sim \lambda \sum_{j=1}^{N} w_{ij} \varepsilon_{it} + \zeta_{it}, \text{ 其中 } \zeta_{it} \sim N(0, \sigma_{it}^2) \qquad (5-9)$$

式中，λ 为空间误差系数。

空间误差模型反映的是扰动项之间的空间交互效应，这种效应可能是由不同区域之间的遗漏变量或不可观察冲击的空间相关性引起的。

（3）空间杜宾模型（SDM）

$$Y_{it} = \rho \sum_{j=1}^{F} w_{ij} Y_{it} + \gamma \sum_{j=1}^{F} w_{ij} X_{it} + \theta M_{it} + \mu_i + \varepsilon_{it} \qquad (5-10)$$

空间杜宾模型是同时考虑了空间内生交互效应和外生交互效应，是空间滞后模型和空间误差模型的综合。

三种空间模型适用于不同的情形，到底选用哪种形式，需要综合考量。一方面，考虑其理论意义，考虑模型中变量之间存在哪种交互效应；另一方面，在实证操作中通常借助统计检验来判断，如 LM 检验和 LR 检验，根据其显著性做出选择。此外，模型是采用固定效应还是随机效应也要做出判断，可通过豪斯曼检验来选择。

根据前文理论机制分析，一个城市的绿色全要素生产率，除了会受到本地区的产业协同集聚及其他解释变量的影响，也会受到周边地区的产业协同集聚及其他解释变量的影响，据此，可建立空间计量模型如下：

（1）空间滞后模型（SAR）

$$\text{lngtfp} = \rho \sum_{j=1}^{N} w_{ij}\text{lngtfp} + \beta\text{lnco}_{it} + \theta\text{ln}M_{it} + \mu_i + \varepsilon_{it} \qquad (5-11)$$

式中，$\varepsilon_{it} \sim N(0, \sigma_{it}^2)$。

（2）空间误差模型（SEM）

$$\text{lngtfp} = \rho \sum_{j=1}^{N} w_{ij}\text{lngtfp} + \beta\text{lnco}_{it} + \theta\text{ln}M_{it} + \mu_i + \varepsilon_{it} \qquad (5-12)$$

式中，$\varepsilon_{it} \sim \lambda \sum_{j=1}^{N} w_{ij}\varepsilon_{it} + \zeta_{it}$，其中

$\zeta_{it} \sim N(0, \sigma_{it}^2)$。

（3）空间杜宾模型（SDM）

$$\text{lngtfp} = \rho \sum_{j=1}^{N} w_{ij}\text{lngtfp} + \beta\text{lnco}_{it} + \sum_{j=1}^{N} w_{ij}\text{lnco}_{it}\gamma + \theta\text{ln}M_{it} + \mu_i + \varepsilon_{it}$$

$$(5-13)$$

式中，w_{ij} 为所选择的空间权重矩阵，ρ 是空间滞后归系数，λ 为空间误差系数，ρ 值和 λ 值均反映城市间的交互影响，ε_{it} 为随机扰动项，μ 为空间特定效应，M 为一系列的控制变量。

四、变量的选取和数据来源

（一）变量选取

1. 被解释变量

被解释变量为绿色全要素生产率，在模型中用 gtfp_{it-1} 表示；在测算时选取非参数方法 SBM 超效率模型，采用 GML 指数测算城市绿色全要

素生产率。计算绿色全要素生产率时，需要采用投入（劳动力、资本、能源投入）和产出指标，其中，产出又包括期望产出（城市实际 GDP）和非期望产出（采用工业三废数据，用熵值法计算出三种污染物的综合值），具体计算方法见第四章。

2. 核心解释变量

核心解释变量为产业协同集聚，在模型中用 co 表示。本书采用张虎（2017）等人的计算方法，先计算长江经济带各城市各产业的区位熵，再测算产业协同集聚水平，具体计算方法见第三章。

3. 控制变量

城市经济增长状况，模型中用 pgdp 表示。经济增长水平的提高的同时，伴随着政府财政能力的提高，以及政府治污能力的提升，这影响到绿色全要素生产率。模型中，采用城市实际人均 GDP 作为替代变量。

外商直接投资，模型中用 fdi 表示。随着改革开放的不断深入，我国的产业集聚会吸引外商投资的进入，FDI 对环境污染有"污染避难所"和"污染光环"的说法，会对绿色全要素生产率产生影响，模型中，采用各城市实际利用外资额占城市当年 GDP 的比值来估算，在计算实际利用外资额时，用当年平均美元汇率进行折算为本币。

政府干预，模型中用 gov 表示。在经济运行中，各城市政府的环境保护政策或是产业政策，会对企业的生产产生影响，从而对绿色全要素生产率产生影响。模型中，用城市一般财政预算支出在 GDP 占的比例作为替代变量。

人力资本，模型中用 edu 表示。学者们已达成共识，即人力资本能有效进行知识传播，提高技术水平，促进创新，提升经济效率，是经济高质量发展的重要推手。学者们常用平均教育法①来衡量人力资本的数值。但本书认为，在推动经济发展的过程中，各种人力资本发挥的作用并不相同。一般认为，学历越高的人，掌握的相关专业知识会越多，贡献也就越多；大学生数量占比往往作为衡量人力资本强弱的标准，所以本书采用每万人在校大学生人数这一指标作为替代变量。

人口密度，模型中用 den 表示。人口密度代表城市内单位面积的人口数量，密度越大，其中蕴含的劳动力数量可能也越多，对经济效率和环境都会产生影响。本书采用城市人口数量与建成区面积的比值作为替代变量，其中，城市人口采用的是市辖区的计算口径。

（二）数据来源

本章选取的时间跨度为 2008—2019 年，研究的样本为长江经济带70 个地级及以上城市，所选择变量的原始数据主要来自各年的《中国城市统计年鉴》，在进行折算时（如实际 GDP 或实际 FDI），用到各年的《中国统计年鉴》；计算绿色全要素生产率时，部分数据来自各年的《中国环境统计年鉴》。

（三）变量的描述性统计

对指标数据进行整理和分析后，下面分别从平均值（mean）、标准差（sd）、最小值（min）、最大值（max）4 个方面对数据进行说明，各变量的描述性统计见表5-1。

表 5-1　变量的描述性统计

变量	平均值	标准差	最小值	最大值	样本容量
gtfp	0.938 7	0.070 8	0.265 6	1.000 0	3 135

---

① 平均教育法中人力资本的计算公式为：人力资本=0×未上过学人口占比+6×小学文化人口占比+9×初中文化人口占比+12×高中文化人口占比+16×大专及以上文化人口占比。

表5-1(续)

变量	平均值	标准差	最小值	最大值	样本容量
co	2. 395 2	0. 590 0	0. 641 4	13. 211 5	3 135
gdp	4. 686 4	4. 971 2	0. 076 3	68. 722 5	3 135
den	7. 156 3	20. 139 9	0. 049 4	590. 370 4	3 135
gov	22. 420 8	24. 269 0	1. 536 3	604. 063 2	3 135
fdi	7. 304 2	79. 646 3	0. 000 0	4 387. 091 4	3 135
edu	8. 785 6	15. 792 1	0. 000 0	108. 640 8	3 135

表 5-1 中，产业协同集聚的均值为 2. 395 2，最小值为 0. 641 4，而最大值则为 13. 211 5。绿色全要素生产率均值为 0. 938 7。

本书模型的被解释变量为绿色全要素生产率（gtfp），解释变量为产业协同集聚（co）。控制变量同前面的系统 GMM 一样，均选择城市经济增长水平、人口密度、外商直接投资、政府干预程度、人力资本五个变量。

第二节　长江经济带总体样本空间计量模型检验结果

一、空间相关性检验

已有诸多研究主要采用莫兰指数（Morans' I）进行空间自相关检验，本章也沿用 Morans' I 进行空间自相关检验，检验结果如表 5-2 所示。

表 5-2　绿色全要素生产率的 Morans' I

年份	2005 年	2006 年	2007 年	2008 年	2009 年
Moran'I	0. 068 ***	0. 077 ***	0. 068 ***	0. 070 ***	0. 076 ***
年份	2010 年	2011 年	2012 年	2013 年	2014 年
Moran'I	0. 092 ***	0. 081 ***	0. 106 ***	0. 104 ***	0. 098 ***
年份	2015 年	2016 年	2017 年	2018 年	2019 年
Moran'I	0. 102 ***	0. 106 ***	0. 060 ***	0. 088 ***	0. 079 **

注：*、** 和 *** 分别表示 10%、5% 和 1% 水平下通过显著性检验。

从表 5-2 各年绿色全要素生产率 Morans' I 可以看出，Morans' I 均大于 0，并且 Morans' I 各年都通过了显著性检验，表明绿色全要素生产率在这 70 个地级市之间存在显著正的空间相关关系，其最小值为 0.068，最大值为 0.106。各个城市并不是各自独立的，该检验结果为下文利用空间计量模型分析产业协同集聚对绿色全要素生产率的影响奠定了基础。

二、空间计量模型的估计结果

为了获得一致性的参数估计结果，本书的估计方法拟采用最大似然法。采用 LM 检验决定采用 SAR 还是 SEM，用 LR 检验判断 SDM 是否会简化为 SAR 或者 SEM。一系列检验结果显示应选择 SDM。此外，还进行了 Hausman 检验，从检验结果来看，应该选择固定效应模型，并且选择个体固定效应模型。检验结果如表 5-3 所示。

表 5-3　空间计量模型适用性检验

检验类型	统计量	p 值
LMtestnospatiallag	2. 343	0. 126
RobustLMtestnospatiallag	0. 399	0. 528

表5-3(续)

检验类型	统计量	p 值
LMtestnospatialerror	115. 489	0. 000
RobustLMtestnospatialerror	113. 544	0. 000
LRspatiallag	59. 48	0. 000
LRspatialerror	53. 89	0. 000
Wald 联合显著性检验	55. 98	0. 000
Hausman	8. 996	0. 017

本书同时列出了 SAR、SEM 和 SDM 的估计结果，可以帮助读者更为直观地比较估计结果。表 5-4 为模型估计结果，SDM 中 Log-L 值最大，SDM 是最优选择。

表 5-4　空间计量模型回归结果

变量	SAR	SEM	SDM
lnco	0. 213 *** (0. 045)	0. 210 *** (0. 045)	0. 168 *** (0. 046)
lngdp	0. 188 *** (0. 032)	0. 187 *** (0. 032)	0. 196 *** (0. 033)
lnden	−0. 067 *** (0. 024)	−0. 067 *** (0. 024)	−0. 052 * (0. 025)
lngov	−0. 182 *** (0. 048)	−0. 192 *** (0. 045)	−0. 191 *** (0. 045 1)
lnfdi	−0. 011 (0. 018)	−0. 019 (0. 018)	−0. 009 (0. 011)
lnedu	−0. 017 * (0. 013)	−0. 017 * (0. 014)	−0. 027 * (0. 012)
lninno	−0. 058 7 *** (0. 012)	−0. 059 7 *** (0. 012)	−0. 064 *** (0. 012)
$W \times lnco$			−1. 282 *** (0. 494)

表5-4(续)

变量	SAR	SEM	SDM
$W \times$lngdp			0.045 7 (0.246)
$W \times$lnden			0.282 (0.207)
$W \times$lngov			-0.773^* (0.318)
$W \times$lnfdi			0.028 2 (0.088)
$W \times$lnedu			$-0.076\ 7$ (0.059)
$W \times$lninno			-0.121 (0.087)
rho	0.316* (0.160)		0.535*** (0.176)
lambda		0.402* (0.166)	
sigma2_e	0.113*** (0.005)	0.112*** (0.005)	0.108*** (0.004)
N	770	770	770
R^2	0.267	0.323	0.353
Log-L	5 206.701 9	5 209.497 1	5 236.439 6

注:*、** 和 *** 分别表示10%、5%和1%水平下通过显著性检验。

从表5-4结果来看,空间自回归系数在1%水平上显著,说明产业协同集聚能够起到提高绿色全要素生产率的作用,并具有空间效应。其原因在于,生产性服务业贯穿于制造业企业生产的全部环节,制造业的集聚对相关生产性服务业形成需求,促进了作为"供给方"的生产性服务业的进一步细化和专业化,而生产性服务业的分工细化程度和专业化程度的提高,又通过知识溢出和创新反向促进了制造业效率的提高。

两个产业之间的协同集聚水平越高，内部知识和创新溢出效应越明显，在协同的过程中，产业的内部边界逐渐模糊，实现融合发展，从而有利于降低能耗水平，提高生产效率。而表格中的空白部分则表示该变量不存在对应的相关关系。

SDM 中是参数的点估计，不能得到产业协同集聚对绿色全要素生产率的边际影响。为了解决此类问题，本书对模型中变量做偏微分进行了效应分解，将其分解为直接效应和间接溢出效应。直接效应反映的是变量的本地效应，而溢出效应反映的是变量的邻地效应。直接效应、间接效应和总效应的实证结果如表 5-5 所示。

表 5-5　直接效应、间接效应和总效应的实证结果

变量	直接效应	间接效应	总效应
lnco	0.191 *** （0.046 6）	0.134 *** （0.331）	0.324 * （0.339）
lngdp	-0.196 *** （0.032 1）	-0.030 1 （0.157）	0.166 （0.162）
lnden	0.055 1 * （0.024 6）	-0.213 * （0.138）	0.158 （0.137）
lngov	0.181 *** （0.044 0）	-0.443 * （0.201）	-0.624 *** （0.204）
lnfdi	-0.010 4 （0.010 7）	0.025 0 （0.060 1）	0.014 7 （0.061 0）
lnedu	-0.025 7 * （0.010 9）	-0.045 2 （0.039 8）	-0.070 9 （0.043 6）
lninno	-0.059 3 *** （0.012 1）	-0.058 8 （0.057 7）	-0.118 * （0.058 0）

注：*、** 和 *** 分别表示 10%、5% 和 1% 水平下通过显著性检验。

表 5-5 的结果显示，co（产业协同集聚）对 gtfp（绿色全要素生产率）的直接效应系数为 0.191，说明 co（产业协同集聚）每上升 1%，

gtfp 将会平均上升 0.191%。与本章没有考虑空间影响的基准面板模型 co（产业协同集聚）的估计系数 0.234 相比，空间计量模型的估计系数变小，说明产业协同集聚受到空间因素的影响，对绿色全要素生产率的影响变弱了，这一结果也从侧面说明存在空间效应的影响。间接效应系数为 0.134，且显著，说明其他地区产业协同集聚或是绿色全要素生产率都能够影响本地区的绿色全要素生产率。在长江经济带，各城市之间的要素和资源是交流互动的，各城市的产业也是分工协作的，"绿色知识"的溢出效应在城市网络中相互渗透。

在控制变量方面，den（人口密度）的直接效应系数显著为正，大的人口密度，往往也会带来丰富的人力资源，高素质的人力资本会带来技术的革新，有益于效率的提升，对环境产生正向效应。gov（政府干预）的估计结果与 den（人口密度）估计结果相似，都是直接效应系数均显著为正值，但政府干预系数值更大，政府出台各种环境保护措施，对企业的再生产过程施加环境保护的硬性约束，迫使企业为了应对政府的严格管控而采用清洁技术，以降低对环境的负面影响；而间接效应系数却都显著为负，这可能是高污染企业为了规避管控而外迁至周边城市导致的。pgdp（经济增长水平）直接效应系数显著为负，我国的人均GDP 在增长的过程中主要依靠资源的高投入，因此资源消耗大，极易对环境产生不利的影响。

三、制造业与生产性服务业各细分行业协同集聚的估计结果

前面的分析，是把生产性服务业作为一个整体来分析的；而生产性服务业是各种细分行业的总称，内部包含多种细分行业，这些不同服务业的细分行业，在与制造业的协同集聚过程中，发挥的影响作用是均衡的吗？接下来，本书以前述生产性服务业的 5 种内部细分行业分别与制

造业协同集聚的指数作为解释变量，进行实证检验。检验结果如表5-6所示。

表5-6　制造业与各细分行业协同集聚回归结果

变量	Sdm1	Sdm2	Sdm3	Sdm4	Sdm5
lncotrans	0.223 *** (0.025)				
lncoinfor		0.081 *** (0.011)			
lncofinan			0.066 (0.018)		
lncobusi				0.019 (0.016)	
lncoscien					0.039 * (0.088)
lngdp	0.186 *** (0.032)	0.171 *** (0.032)	0.189 *** (0.034)	0.164 *** (0.030)	0.173 *** (0.038)
lnden	−0.081 5 *** (0.024)	−0.087 *** (0.024)	−0.076 *** (0.025)	−0.082 *** (0.020)	−0.073 *** (0.025)
lngov	−0.267 *** (0.044)	−0.224 *** (0.044)	−0.197 *** (0.045)	−0.196 *** (0.045)	−0.190 *** (0.045)
lnfdi	0.006 (0.011)	0.009 (0.011)	−0.003 (0.011)	−0.008 (0.011)	−0.006 (0.011 2)
lnedu	−0.036 *** (0.019)	−0.022 * (0.011)	−0.016 (0.011)	−0.014 (0.011)	−0.023 7 * (0.013)
lninno	−0.052 *** (0.012)	−0.044 *** (0.012)	−0.049 *** (0.012)	−0.049 *** (0.012)	−0.050 *** (0.012)
$W \times$lncotrans	−0.365 * (0.182)				
$W \times$lncoinfor		0.282 * (0.144)			
$W \times$lncofinan			0.045 3 (0.133)		

表5-6(续)

变量	Sdm1	Sdm2	Sdm3	Sdm4	Sdm5
$W \times$lncobusi				-0.156^* (0.092 8)	
$W \times$lncoscien					0.188 (0.141)
$W \times$lngdp	0.346 (0.238)	0.228 (0.243)	0.181 (0.259)	0.197 (0.252)	0.213 (0.251)
$W \times$lnden	0.289 (0.200)	0.348^* (0.204)	0.420^* (0.215)	0.252 (0.211)	0.252 (0.215)
$W \times$lngov	-0.741^* (0.308)	-0.749^* (0.314)	-0.835^{***} (0.322)	-0.812^{***} (0.320)	-0.807^* (0.320)
$W \times$lnfdi	0.172^* (0.084)	0.101 (0.085)	0.064 (0.086)	0.042 6 (0.088)	0.069 (0.087)
$W \times$lnedu	-0.056 (0.057)	-0.063 (0.059)	-0.068 (0.062)	-0.075 (0.067)	-0.083 (0.061)
$W \times$lninno	-0.298^{***} (0.084)	-0.250^{***} (0.085)	-0.216^* (0.086)	-0.220^* (0.087)	-0.208^* (0.086)
rho	-0.570^{***} (0.174)	-0.572^{***} (0.175)	-0.580^{***} (0.179)	-0.602^{***} (0.178)	-0.603^{***} (0.178)
sigma2_e	0.102^{***} (0.005)	0.107^{***} (0.005)	0.111^{***} (0.005)	0.111^{***} (0.005)	0.111^{***} (0.005)
N	770	770	770	770	770
R^2	0.394	0.357	0.335	0.348	0.346

注:*、**和***分别表示10%、5%和1%水平下通过显著性检验。

表5-6中的结果显示,各种细分行业与制造业的协同集聚的系数多数为正值,且部分显著为正值。具体来说,coinf(信息传输业与制造业的协同集聚)的系数显著为正,信息技术的飞速发展,大数据、互联网日益在制造业中发挥作用,信息化与制造业不断融合发展,促进制造业的智能化改造,对生产效率的提升以及环境的改善都起正向作用;coscie(制造业与科学研究业的协同集聚)系数显著为正,科学研究业

是知识密集型的产业，通过知识输出来推广技术知识，进行技能培训，实施科学研究，从而可以从制造业的研发环节进行价值链升级，在生产过程中，推动制造业提质增效，促进绿色发展发挥要作用；cotran（交通运输业与制造业的协同集聚）系数估计结果也显著为正，我国交通运输网络日益完善，尤其是高铁拥有高效、便捷的运输网络，对制造业的成本节约以及效率提升起到促进作用；cofinan（金融业与制造业的产业协同集聚）的系数不显著，可能原因是中国资本市场不够完善，企业的融资还是以银行的间接融资方式为主，融资结构有待优化，金融业融入制造业的生产活动较少，导致金融业与制造业的协同集聚程度不高，在未来发展中，可以通过深挖潜力来提高协同集聚的效应；cobusi（租赁业与制造业的产业协同集聚）的系数不显著，可能是因为租赁业发达程度还不够，没有找到合适的路径与制造业相协同、融合。

综合来看，各细分行业与制造业的协同集聚影响系数虽然为正值，且显著，但就其内部各细分行业来说，这 5 种细分行业与制造业的协同集聚对绿色全要素生产率的影响作用并不完全相同，而对其起主要影响作用的是来自信息传输业和科学研究业以及交通运输业的协同集聚。

四、稳健性检验

变换空间矩阵对模型的估计结果有决定性影响。上述结果是基于经济和距离的嵌套空间权重矩阵得到的估计结果；接下来，本书将分别采用邻接权重矩阵、地理距离权重矩阵和经济权重矩阵这三种矩阵来对模型进行稳健性检验。稳健性检验结果如表 5-7 所示。

表 5-7　稳健性检验结果

变量	邻接矩阵	地理矩阵	经济矩阵
lnco	0.175 *** (0.045)	0.147 *** (0.047)	0.184 *** (0.045)
lngdp	0.185 *** (0.032)	0.202 *** (0.033)	0.162 *** (0.032)
lnden	-0.025 (0.026)	-0.044 * (0.025)	-0.082 *** (0.025)
lngov	-0.204 *** (0.044)	-0.186 *** (0.045)	-0.227 *** (0.045)
lnfdi	-0.005 (0.010)	-0.010 (0.011)	-0.016 (0.011)
lnedu	-0.019 * (0.010)	-0.029 *** (0.011)	-0.011 (0.014)
lninno	-0.066 *** (-0.012)	-0.064 *** (-0.012)	-0.053 *** (-0.012)
$W \times$ lnco	-0.411 *** (0.095)	-1.589 *** (-0.492)	-2.228 * (-1.253)
$W \times$ lngdp	0.178 *** (0.066)	0.117 (0.239)	-2.643 *** (-0.885)
$W \times$ lnden	0.021 (0.047)	0.347 (0.223)	-3.030 *** (-1.154)
$W \times$ lngov	-0.166 (-0.106)	-0.700 * (-0.329)	-2.425 * (-1.050)
$W \times$ lnfdi	-0.019 (0.023)	-0.016 (-0.093)	-0.019 (-0.345)
$W \times$ lnedu	-0.027 (0.024)	-0.094 * (0.055)	0.697 * (0.397)
$W \times$ lninno	-0.097 *** (-0.028)	-0.175 * (-0.089)	0.953 * (0.469)
rho	-0.060 (-0.055)	-0.562 *** (-0.176)	-0.307 (-0.281)

表5-7(续)

变量	邻接矩阵	地理矩阵	经济矩阵
sigma2_e	0.107*** (0.055)	0.108*** (0.049)	0.110*** (0.056)
N	770	770	770
R^2	0.436	0.336	0.008

注:*、**和***分别表示10%、5%和1%水平下通过显著性检验。

从表5-7可以看出,各种矩阵下,空间自回归系数都显著为正,说明co(产业协同集聚指数)对gtfp(绿色全要素生产率)存在空间影响。co(产业协同集聚指数)的系数与经济距离矩阵下的估计结果相比,系数值大小有所变化,但变化方向以及显著性没有变化。从估计结果的总体来说,直接效应和间接效应估计结果相近,这说明检验估计结果具有稳健性。

五、内生性检验

理论上来说,产业协同集聚会影响绿色全要素生产率,但绿色全要素生产率也会反过来对产业协同集聚产生影响,可能会存在内生性问题。虽然空间计量模型采用MLE估计方法,已部分解决了可能存在的内生性问题,对于小样本的空间效应估计,采用GMM方法可以提高参数估计的有效性与一致性。针对内生性问题,需要寻找合适的工具变量进行实验。按照多数学者的做法,选取滞后一期的被解释变量作为工具变量,即$gtfp_{it-1}$,方法上采用动态空间面板GMM进行估计,此方法采用两步法估计,在估计时加入空间权重矩阵,能较好地解决变量之间的内生性问题,估计结果见表5-8。

表 5-8　动态空间面板 GMM 的估计结果

变量	估计系数	变量	估计系数
lnco	0.275 *** (0.081)	$W \times$ lnco	0.184 ** (0.346)
lngdp	−0.084 (0.015)	$W \times$ lngdp	0.125 (0.144)
lnden	0.051 2 ** (0.062)	$W \times$ lnden	0.06 ** (0.054)
lngov	0.034 (0.011)	$W \times$ lngov	0.053 *** (0.011)
lnfdi	0.071 (0.084)	$W \times$ lnfdi	0.219 (0.017)
lnedu	0.021 (0.047)	$W \times$ lnedu	0.328 ** (0.033)

注: * 、** 和 *** 分别表示 10%、5% 和 1% 水平下通过显著性检验。

　　判断动态空间面板 GMM 的工具变量有效性的比较常用的方法是 Sargan 检验，模型估计得到的 Sargan 值为 46.993，相应 P 值为 0.968 7，说明工具变量是有效的，不存在过度识别问题。而且空间动态面板 GMM 的产业协同集聚的参数估计系数值显著为正，与表 5-4 中 SDM 空间杜宾模型的回归的结果相比，虽然系数大小有差别，但显著性相同，说明模型估计结果是有效的。

第三节　长江经济带分城市群空间计量模型检验结果

一、分城市群 SDM 的估计结果

　　上文是基于长江经济带总体样本进行的分析，接下来，本书将针对经济带内包含的长江三角洲城市群、长江中游城市群、成渝城市群产业协同集聚的绿色经济效应进行异质性分析。经过筛选，本书拟采用 SDM 空间面板模型进行估计，结果见表 5-9 所示。

表 5-9　分城市群空间面板模型回归结果

变量	长江三角洲城市群	长江中游城市群	成渝城市群
lnco	0.610 *** (0.092)	0.148 * (0.107)	0.238 *** (0.072)
lngdp	0.347 *** (0.083)	0.140 * (0.084)	0.866 *** (0.116)
lnden	−0.096 * (0.047)	−0.147 *** (0.051)	−0.240 *** (0.058)
lngov	−0.145 * (−0.094)	−0.659 *** (−0.112)	0.009 (0.065)
lnfdi	0.016 (0.022)	0.038 (0.023)	0.055 *** (0.018)
lnedu	−0.024 (−0.034)	−0.036 (−0.048)	−0.067 *** (−0.011)
lninno	−0.066 *** (−0.018)	−0.015 (−0.037)	−0.182 *** (−0.032)
$W \times$lnco	3.772 *** (0.760)	0.365 (0.836)	1.841 *** (0.313)
$W \times$lngdp	1.150 * (0.630)	0.481 (0.332)	6.095 *** (0.947)
$W \times$lnden	0.084 1 (0.383)	−0.496 (−0.316)	−2.017 *** (0.429)
$W \times$lngov	−0.668 (0.882)	−0.983 (0.691)	0.069 (0.483)
$W \times$lnfdi	0.156 (0.148)	0.245 * (0.180)	0.019 (0.125)
$W \times$lnedu	−0.603 * (0.235)	−0.657 * (0.265)	−0.189 * (0.103)
$W \times$lninno	0.125 (0.144)	0.549 *** (0.184)	−1.752 *** (−0.284)
rho	0.486 * (0.270)	0.484 * (0.207)	0.826 *** (0.306)
sigma2_e	0.058 1 *** (0.049)	0.120 *** (0.048)	0.048 *** (0.005)
N	286	308	176

表5-9（续）

变量	长江三角洲城市群	长江中游城市群	成渝城市群
R^2	0.393	0.522	0.486

注：*、**和***分别表示10%、5%和1%水平下通过显著性检验。

表5-9的估计结果显示，三大城市群的空间自回归值在10%的水平上都显著为正值，表明城市间的绿色全要素生产率指数存在空间外溢性，且城市群内的城市绿色全要素生产率之间是相互影响的。具体的影响还需要对空间效应进行具体分解才能判断。

二、分城市群空间效应的分解效应

进一步对空间杜宾模型的空间效应进行分解，其分解得到直接效应、间接效应以及总效应的估计结果，结果如表5-10所示。

表5-10 分城市群的直接效应、间接效应和总效应的估计结果

效应	变量	长江三角洲城市群	长江中游城市群	成渝城市群
直接效应	lnco	0.539*** (0.090)	0.142** (0.014)	0.163* (0.065)
	lngdp	0.325*** (0.073)	0.124 (0.083)	0.608*** (0.113)
	lnden	-0.095* (0.062)	-0.131*** (-0.050)	-0.149*** (-0.052)
	lngov	-0.134* (0.084)	-0.641*** (-0.114)	0.006 (0.060)
	lnfdi	0.013 (0.020)	0.031 (0.022)	0.056*** (0.017)
	lnedu	-0.010 (0.033)	-0.014 (0.045)	-0.059*** (0.009)
	lninno	-0.071*** (0.017)	-0.034 (0.037)	-0.106*** (0.031)

表5-10(续)

效应	变量	长江三角洲城市群	长江中游城市群	成渝城市群
间接效应	lnco	0.249*** (0.654)	0.203 (0.556)	0.103*** (0.245)
	lngdp	0.718 (0.459)	0.303 (0.238)	3.270*** (0.707)
	lnden	0.111 (0.256)	−0.284 (0.214)	−1.084*** (−0.285)
	lngov	−0.416 (−0.595)	−0.451 (−0.472)	0.037 (0.262)
	lnfdi	0.109 (0.106)	0.167* (0.093 3)	−0.012 (−0.074)
	lnedu	−0.432* (−0.178)	−0.464* (−0.199)	−0.083 (−0.064)
	lninno	0.105 (0.098)	0.406*** (0.142)	−0.963*** (−0.196)
总效应	lnco	0.289*** (0.703)	0.345* (0.579)	0.166*** (0.270)
	lngdp	1.043* (0.509)	0.428* (0.241)	3.877*** (0.771)
	lnden	0.015 5 (0.272)	−0.415* (−0.211)	−1.233*** (−0.310)
	lngov	−0.550 (−0.622)	−1.092* (−0.460)	0.043 (0.273)
	lnfdi	0.122 (0.114)	0.198* (0.095)	0.044 (0.076)
	lnedu	−0.442* (−0.189)	−0.478* (−0.218)	−0.143* (−0.068)
	lninno	0.034 2 (0.101)	0.371* (0.156)	−1.070*** (−0.210)

注：*、** 和 *** 分别表示 10%、5% 和 1% 水平下通过显著性检验。

比较表 5-10 中三大城市群的模型回归结果，产业协同集聚指数（co）的直接效应和总效应的回归系数均显著为正，长江三角洲城市群、长江中游城市群和成渝城市群产业协同集聚指数（co）均能显著促进本地城市绿色全要素生产率（gtfp），且长江三角洲城市群产业协同集聚的系数大于长江中游城市群和成渝城市群产业协同集聚的系数。在长江三角洲城市群内部，产业协同集聚在区域内形成了一种高效的分工协作体系，产业协同集聚正的外部性得以发挥，产生了共享经济效应，通过知识的溢出作用机制，促进绿色全要素生产率的提高。

在间接效应方面，长江三角洲城市群和成渝城市群的间接效应显著，存在空间溢出效应；但长江中游城市群间接效应不显著，说明长江中游城市群产业的协同集聚，只能拉动本地的绿色经济，而对周边城市的拉动作用不明显。长江中游城市群之间存在产业结构同质化问题，导致与周边城市的产业发展更多的是一种竞争关系。因此，要想增强长江中游城市群的产业协同集聚在绿色发展方面的效应，就要推进区域经济一体化，促进产业的合理布局与分工，从而推动城市群产业的融合，实现区域内产业协调发展。

从控制变量方面看，人力资本对三大城市群绿色全要素生产率的直接效应均显著为正，说明人力资本储备在绿色经济发展中占据重要的位置。间接效应仅在长江三角洲城市群显著为正，说明长江三角洲城市群在人力资本等要素流动方面，制度更为完善，人才在城市之间的流动促进技术等要素在绿色经济建议方面发挥更大的作用。相较于长江三角洲城市群，长江中游城市群和成渝城市群人才对周边城市的空间溢出效应不显著，说明在人才流动、人才引进等生产要素流动时，受到行政区划等壁垒的影响，各城市以邻为壑的做法阻碍了要素的流动。FDI 对长江三角洲和成渝城市群绿色全要素生产率增长的直接效应为正，且对三大城市群的间接效应都不显著。政府干预的直接效应显著为正，而间接效应显著为负，说明各城市出台的各种措施能有效促进绿色经济的发展，但是与周边城市之间环境污染共同防治并没有形成协同发展，在节能减排方面的政策也没有达成共识。

本章空间计量模型的实证检验结论的政策启示是：三大城市群各城市政府部门在制定产业协同集聚发展规划时要统筹兼顾，既要考虑区域的整体性，又要根据当地产业发展水平、地理环境、资源配置、市场需求供给等实际情况"量体裁衣"，制定合理的近期目标和远期目标，强化城市群内部产业间的经济交流与技术合作，打破产业发展的行政区划壁垒，实现经济带的绿色健康发展。

第六章 产业协同集聚影响绿色全要素生产率的中介效应检验

根据第二章的理论机制分析，产业协同集聚可能通过技术创新、产业结构升级两条途径对绿色全要素生产率产生影响。本书在采用空间计量模型的基础上，利用中介效应模型进行影响机制的检验。一是检验产业协同集聚通过技术创新驱动绿色全要素生产率的传导机制；二是检验产业协同集聚通过产业结构升级的路径对绿色全要素生产率的影响机制。本章的研究致力于为政府在国内国际双循环的大背景下，合理规划产业空间布局、实现经济走向绿色驱动模式提供数据建议。

第一节 中介效应模型的研究设计

一、中介效应模型的检验步骤

本书分析产业协同集聚对绿色全要素生产率的影响，这个影响可以用式（6-1）表示，解释变量 X 对被解释变量 Y 的影响为总效应，这个总效应的系数在式（6-1）中标记为 a_1，这个系数值中既包含直接效应也包含间接效应，其中的间接效应可理解为中介效应，是解释变量 X 通过中介变量 M 影响被解释变量 Y 的那部分。中介效应发挥作用的过程分析如下：首先，解释变量 X 影响中介变量 M，影响的大小表现在式（6-2）中，即为系数 b_1；其次，中介变量 M 对被解释变量 Y 产生影响，影响系数反映在式（6-3）中，是系数 c_2、b_1 和 c_2 的乘积，即中介效应的强弱。解释变量 X 对被解释变量 Y 影响的直接效应部分，在式（6-3）中，为系数 c_1。

其中，中介效应的模型设定如下：

$$Y = a_0 + a_1 X_{it} + a_2 E_{it} + \mu_{it} \qquad (6\text{-}1)$$

$$M = b_0 + b_1 X_{it} + b_2 E_{it} + \varepsilon_{it} \qquad (6\text{-}2)$$

$$Y = c_0 + c_1 X_{it} + c_2 M_{it} + b_2 E_{it} + \delta_{it} \qquad (6\text{-}3)$$

式中，M 为中介变量，E 为控制变量，μ_{it}、ε_{it}、δ_{it} 为随机振动项。

图（6-1）更为直观地描述了解释变量、中介变量以及被解释变量三者的关系。

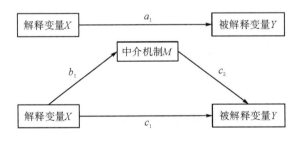

图6-1　中介效应的传导路径

式（6-1）是不包含中介变量的方程，式（6-2）是表示解释变量对中介变量的影响的方程，而式（6-3）是包含了中介变量的方程。在进行中介效应检验时，我们可以结合系数的显著性，通过比较式（6-3）和（6-1）的系数大小的变化来判断是否存在中介效应。在实证检验中，本书参照温忠麟（2014）等进行中介效应检验的方法。第一步，考察没有加入中介变量时的方程，即式（6-1），看系数 a_1 的显著性（a_1 是核心解释变量 X 对被解释变量 Y 的影响系数），若 a_1 显著，则继续往下进行；若 a_1 不显著，说明二者没有关联，停止检验。第二步，考察式（6-2）中的系数 b_1 是否显著（这个系数是考察解释变量 X 对中介变量 M 的影响大小）；同时也要考察式（6-3）中的系数 c_2 是否显著，若两个系数都显著，则可以继续第三步。第三步，考察式（6-3）中核心解释变量 X 的系数 c_1 的显著性，若 c_1 显著，且当 c_1 的绝对值小于 a_1 的绝对值 [a_1 是式（6-1）中没有包含中介变量时，X 对 Y 的影响系数] 时，说明存在部分中介效应；若 c_1 不显著，则为完全中介效应。

二、中介效应模型的构建

由于制造业与生产性服务业协同集聚可能通过技术创新和产业结构升级两条路径对绿色全要素生产率产生的影响，本书构建如下模型，操作中采用逐步回归进行分析：

$$\mathrm{lngtfp}_{it} = \rho \sum_{j=1}^{N} w_{ij}\mathrm{lngtfp}_{it} + c_3\mathrm{lnco}_{it} + \sum_{j=1}^{N} w_{ij}\mathrm{lnco}_{it}\gamma + \theta\mathrm{ln}E_{it} + \mu_{it}$$

$$(6\text{-}4)$$

$$\mathrm{ln}M_{it} = \rho \sum_{j=1}^{N} w_{ij}\mathrm{ln}M_{it} + c_2\mathrm{lnco}_{it} + \sum_{j=1}^{N} w_{ij}\mathrm{lnco}_{it}\gamma + \theta\mathrm{ln}E_{it} + \varepsilon_{it} \quad (6\text{-}5)$$

$$\mathrm{lngtfp}_{it} = \rho \sum_{j=1}^{N} w_{ij}\mathrm{lngtfp}_{it} + c_3\mathrm{lnco}_{it} + \sum_{j=1}^{N} w_{ij}\mathrm{lnco}_{it}\gamma + c_4\mathrm{ln}M_{it} + \theta\mathrm{ln}E_{it} + \delta_{it}$$

$$(6\text{-}6)$$

式中，gftp 为被解释变量绿色全要素生产率，co 为核心解释变量产业协同集聚，E 为控制变量，M 为中介变量，E、M 分别表示技术创新和产业结构升级。

三、变量选取

（一）被解释变量和解释变量

被解释变量为绿色全要素生产率（gtfp），解释变量为产业协同集聚（co），这两个变量分别采用第三章和第四章计算出来的绿色全要素生产率和产业协同集聚的数据，控制变量同前述空间计量模型中一样，选择人均实际 GDP、政府干预、教育水平、人口密度等变量，与前文保持一致。

（二）中介变量

1. 技术创新

技术创新这一概念最早是由熊彼特（1912）提出的，主要是指在生产产品或工艺的过程中，新的思想或是新的技术投入应用，是新产品或新工艺在市场交易中实现价值的过程。诸多的研究成果均表明，技术创新是城市经济发展的不可或缺的推动力（杨凯钧 等，2015；程中华 等，2019；路畅 等，2019），能够显著提升经济发展的质量和效率，促进高质量增长（周兴、张鹏，2014）；实现节能减排的目标，提高绿色全要素生产率（邓翔、张卫，2018）。此外，根据集聚的外部性，产业集聚的外部性能促进竞争。集聚区内的企业竞争激烈，企业需要加大研发力度、提高技术水平，解决生产中能源利用效率低下的问题。这样才能提升企业产出效率，节约成本，进而在竞争中占据优势。企业持续进行创新的另一内在驱动力在需求侧，由于生活水准的提高，消费者对绿色产品的需求也会随之增长，因此，企业应积极提升自身的绿色技术及产品竞争力。

已有的文献中，关于技术创新衡量的指标众多，通常根据创新的投入和产出的角度分为两种。第一种是基于创新投入的角度，如研发经费，技术创新过程中必然需要资金的投入，研发经费为技术创新提供资金保障，高的研发经费为技术创新的开展提供了有力的支持，有研究认为研究经费与技术创新呈正相关的关系（张翠菊 等，2016；朱金生、李蝶，2019）。研发经费最常用的两个细分指标分别为研发经费投入和研发经费内部支出，常用研发经费指标衡量区域的技术创新能力；也有采用科技人员的数量这一指标来衡量创新能力。第二种是从创新产出的角度来衡量，比较常用的衡量技术创新的指标是专利申请授权量，采用这一指标的如王俊松（2017）、余康（2017）、厉伟（2017）、周少甫和龙威（2020）等；一般认为，专利申请授权数越多，表明技术创新的能力越强。综合以上研究，本书认为，专利申请授权量可以侧面反映创新的成果，故采用专利申请授权量来作为衡量技术创新的指标。

2. 产业结构升级

产业结构升级是经济发展过程中多维度综合驱动的结果，具有复杂的动态演化机制。目前，主流观点认为，产业结构升级包括两个方面。一方面是产业结构合理化，主要表现各产业间的协调程度，用来衡量要素投入结构与产出结构的耦合，从侧面也反映产业对资源的有效利用程度，体现出资源的配置效率。而产业间的要素资源配置效率高，行业间的关联度也更高。另一方面是产业结构高级化，反映产业结构的优化的过程，随着第一产业向第二、三产业的倾斜，传统的劳动密集型产业逐步向资本密集型、技术密集型产业转型，由初级产品转向中间产品、最终产品。产业协同集聚的进程伴随着资本、技术、劳动等生产要素向高技术行业的转移，在信息化的作用下，实现制造业的服务化，将制造业从以第二产业为主转变为以第三产业为主，这是产业结构升级的过程。

在指标选择上，产业结构高级化是产业结构层次的不断提高的过程，表现为产业结构由低级向高级的转化。主流的研究观点认为，产业结构高级化的典型特征是生产向服务化转变，产业结构倾向服务化，是产业结构合理化的高级阶段。有些学者把产业结构升级等同于产业结构高级化（程宏，2011；刘赢时 等，2018）。在衡量产业结构的高级化程度时，多数学者采用计算第三产业产值与第二产业产值比率的方法（吴敬琏，2006；干春晖 等，2011；刘丽、任保平，2011；昌忠泽、孟倩，2018），或是采用第三、第二产业在 GDP 中的贡献率之比来测算。本书采用产业结构高级化指标来表示产业结构升级，采用第三产业和第二产业的产出比率来表示产业结构的高级化程度，如果第三产业产值与第二产业的产值比率呈上升趋势，说明我国经济正朝着"服务化"方向发展，产业结构也在逐步升级。

第二节 影响机制检验一：技术创新为中介变量

根据前面理论机制的分析，产业协同集聚对绿色全要素生产率的影响会通过技术创新的途径存在中介效应。为了检验中介效应是否存在，本书将按照前述中介效应检验的流程，基于长江经济带的面板数据，根据式（6-4）估计产业协同集聚对绿色全要素生产率的影响进行中介效应检验。

一、长江经济带总体样本中介效应模型的估计结果

在中介变量为技术创新情况下，基于长江经济带的面板数据，采用空间计量模型作为基准模型进行估计，表6-1所列示的为中介效应检验的递归模型的三个步骤的结果。

表 6-1　技术创新中介效应模型检验结果

变量	(1)	(2)	(3)
	lngtfp	lninno	lngtfp
lnco	0.168 *** (0.046)	0.679 *** (0.133)	0.129 *** (0.038)
lninno			0.064 *** (0.012 4)
$W \times$lnco	1.282 *** (0.494)	0.996 (1.409)	1.369 *** (0.484)
$W \times$lninno			1.523 *** (0.229)
rho	0.468 *** (0.172)	0.426 * (0.366)	0.535 *** (0.176)
N	770	770	770
R^2	0.375	0.668	0.353
控制变量	YES	YES	YES

注: *、** 和 *** 分别表示 10%、5% 和 1% 水平下通过显著性检验。

表 6-1 中所列为长江经济带以技术创新为中介变量的中介效应检验结果。第一步，产业协同集聚对绿色要素生产率影响产业协同集聚的系数为 0.168，显著为正值，协同集聚能提升绿色全要素生产率，说明可以进行下一步检验；第二步产业协同集聚对技术创新影响的检验中，协同集聚的系数为 0.679，显著为正，说明协同集聚对技术创新有正向促进作用，可以进行下一步检验；第三步检验中，技术创新对绿色全要素的影响系数为 0.064，显著为正，同时，协同集聚的影响系数为 0.129，显著为正，并且，这一系数比起没有加入中介变量的协同集聚系数 0.168 有降低，按照前述中介效应检验步骤的说明，说明存在部分中介效应，说明协同集聚可以通过技术创新影响绿色全要素生产率。生产性

服务业具有知识、技术密集型特征，在协同集聚过程中，与制造业互动融合，知识、信息等要素在产业间的流动时，显著或隐性技术传播障碍减少，传播效率提高，知识外溢效应增强，为企业进行创新活动营造了良好的创新氛围，有效激发了企业创新活力，因此生产性服务业与制造业协同集聚对绿色全要素生产率的促进作用显著。

二、分城市群中介效应模型的估计结果

前述是基于长江经济带总体样本，以技术创新为中介变量，检验了影响机制。接下来，本书将利用长江经济带中长江三角洲城市群、长江中游城市群、成渝城市群的面板数据进行中介效应检验，进而分析长江经济带三个城市群中介效应的区域差异。

在中介变量为技术创新时，本书分别基于长江三角洲城市群、长江中游城市群、成渝城市群的面板数据，采用空间计量模型作为基准模型，估计产业协同集聚对绿色全要素生产率的影响。表6-2所列示的为中介效应检验的递归模型的结果。

表6-2 分城市群技术创新中介效应验验结果

变量	长江三角洲城市群			长江中游城市群			成渝城市群		
	(1)	(2)	(3)	(4)	(5)	(6)	(7)	(8)	(9)
	lngtfp	lninno	lngtfp	lngtfp	lninno	lngtfp	lngtfp	lninno	lngtfp
lnco	0.291*** (0.068)	0.605*** (0.226)	0.093* (0.072)	0.169** (0.115)	0.552*** (0.222)	0.105*** (0.077)	0.219*** (0.064)	0.982*** (0.280)	0.176*** (0.065)
lninno			0.063* (0.029)			0.042** (0.012)			0.034* (0.020)
$W \times$ lnco	0.496 (0.857)	0.624 (1.674)	0.518 (0.843)	0.218* (0.497)	0.573 (0.367)	0.647*** (0.236)	1.752*** (0.307)	0.090 4 (1.367)	1.830*** (0.309)
$W \times$ lninno			0.403*** (0.147)			0.199* (0.118)			0.160 (0.184)
rho	0.244* (0.203)	0.612*** (0.185)	0.320* (0.206)	0.310 (0.253)	0.507* (0.360)	0.411 (0.264)	0.415** (0.286)	0.024*** (0.338)	0.389** (0.286)
N	308	308	308	286	286	286	176	176	176
R^2	0.018	0.088	0.020	0.094	0.061	0.041	0.012	0.070	0.036
控制变量	YES	YES	YES	YES	YES	YES	YES	YES	YES

注：*、**和***分别表示10%、5%和1%水平下通过显著性检验。

表 6-2 中所列长江三角洲城市群、长江中游城市群和成渝城市群以技术创新为中介变量的中介效应检验结果。从表 6-2 中的结果可以看出，在第一步的检验中，产业协同集聚的系数虽系数不同，但均显著为正值，说明在这三个城市群中产业协同集聚能提升绿色全要素生产率，表明可以进行下一步检验。第二步，产业协同集聚对技术创新影响的检验中，协同集聚的系数也均显著为正，说明协同集聚对技术创新有正向促进作用。第三步，三个城市群协同集聚的影响系数显著为正，且这一系数比起没有加入中介变量的协同集聚系数有所降低，结果显示均存在部分中介效应，说明三个城市群协同集聚可以通过技术创新影响绿色全要素生产率。说明技术创新在不同城市群之间发挥的关联作用不同。尤其是长江三角洲城市群，凭借独特的地理优势，借助政策东风迅速发展为我国经济发展水平最高的区域，同时上海成为第一个推动"制造业服务化、高端化"的城市，有力地推动了制造业和服务业的有机融合。长江三角洲城市群具有较高的技术创新能力，拥有中国最高的绿色技术发展水平，为中国绿色经济发展的"领头羊"（李平，2011；郭然，2019），绿色技术创新能有效缓解企业环境政策而产生的"遵循成本"，促使企业加大对清洁技术的投资，使其在实现绿色经济目标时，低碳的生产工艺能起到更大的助推作用。

第三节　影响机制检验二：产业结构升级为中介变量

一、长江经济带总体样本中介效应模型的估计结果

在将产业结构升级作为中介变量的情况下，本书基于长江经济带的

面板数据，采用空间计量模型估计产业协同集聚对绿色全要素生产率的影响。表6-3所列示的为中介效应检验的递归模型的三个步骤的结果。

表6-3　中介效应模型检验结果

变量	（1）	（2）	（3）
	lngtfp	lnes	lngtfp
lnco	0. 168 *** （0. 046）	0. 099 * （0. 043）	0. 114 *** （0. 046）
lnes			0. 256 * （0. 040）
W ×lnco	1. 282 *** （0. 494）	0. 306 （0. 469）	1. 381 *** （0. 506）
W ×lnes			0. 196 （0. 266）
rho	0. 535 *** （0. 176）	0. 285 * （0. 155）	0. 522 *** （0. 169）
N	770	770	770
R^2	0. 353	0. 203	0. 333
控制变量	YES	YES	YES

注：*、** 和 *** 分别表示10%、5%和1%水平下通过显著性检验。

表6-3显示了长江经济带以产业结构升级为中介变量的中介效应检验结果。第一步，产业协同集聚的系数为0.168，显著为正值，协同集聚能提升绿色全要素生产率，说明可以进行下一步检验；第二步，在产业协同集聚对产业结构升级影响的检验中，协同集聚的系数为0.099，显著为正，说明协同集聚对产业结构升级有正向促进作用，可以进行下一步检验；第三步，产业结构升级对绿色全要素的影响系数为0.256，显著为正，同时，协同集聚的影响系数为0.114，显著为正，且这一系

数比起没有加入中介变量的协同集聚系数 0.168 有降低，说明存在部分中介效应。产业协同集聚能够通过产业结构影响绿色全要素生产率。主要的原因在于，随着制造业专业化程度的提高，更加专注于价值链的局部改造升级，致力于生产的高端化和精细化，不断在技术、设备和管理模式上改造升级，提高产品附加值；另外，生产性服务业可以为制造业提供研发设计、供应链管理、技术支持等专业化的中间投入服务，满足制造业转型升级的需求，与制造业的融合、互动，能推动制造业的服务化以及智能化的进程，拉动产业结构转型升级，同时，也能有效提升制造业的能源利用效率和绿色全要素生产率。

二、分城市群中介效应模型的估计结果

在中介变量为产业结构升级时，本书分别基于长江三角洲城市群、长江中游城市群、成渝城市群的面板数据，采用空间计量模型做为基准模型，估计产业协同集聚对绿色全要素生产率的影响。表6-4 所列示的为中介效应检验的递归模型的结果。

表 6-4 分城市群产业结构升级中介效应检验结果

变量	长江三角洲城市群			长江中游城市群			成渝城市群		
	(1)	(2)	(3)	(4)	(5)	(6)	(7)	(8)	(9)
	lngtfp	lnes	lngtfp	lngtfp	lnes	lngtfp	lngtfp	lnes	lngtfp
lnco	0.291*** (0.068)	0.268*** (0.081)	0.127*** (0.072)	0.169** (0.115)	0.334*** (0.081)	0.126* (0.118)	0.219*** (0.064)	0.044 (0.067)	0.220*** (0.063)
lnes			0.133** (0.055)			0.098* (0.080)			0.018 (0.075)
$W \times$lnco	0.218* (0.297)	0.853*** (0.485)	0.357* (0.333)	0.496 (0.857)	0.237 (0.612)	0.168 (0.895)	1.752*** (0.307)	0.238 (0.340)	1.538*** (0.349)
$W \times$lnes			-0.297 (0.448)			0.567 (0.484)			-0.692 (0.611)
rho	-0.310 (0.253)	-0.929*** (0.284)	-0.322 (0.255)	0.244* (0.203)	0.166** (0.189)	0.290** (0.207)	0.415** (0.286)	0.711* (0.310)	0.434** (0.292)
N	286	286	286	308	308	308	176	176	176
R^2	0.094	0.004	0.132	0.018	0.030	0.063	0.012	0.048	0.178
控制变量	YES	YES	YES	YES	YES	YES	YES	YES	YES

注：*、**和***分别表示10%、5%和1%水平下通过显著性检验。

表6-4中，长江三角洲城市群、长江中游城市群和成渝城市群都以产业结构升级为中介变量进行中介效应检验。从表6-4中，我们可以看出，在第一步的检验中，产业协同集聚的系数虽然不同，但均显著为正值，说明在这三个城市群中产业协同集聚能提升绿色全要素生产率，可以进行下一步检验；第二步，产业协同集聚对产业结构升级的检验中，长江三角洲城市群和长江中游城市群的协同集聚的系数均显著为正，说明协同集聚对产业结构升级有正向促进作用，但是成渝城市群的产业协同集聚系数不显著，根据检验步骤，不能继续往下检验，则说明不存在中介效应；第三步检验中，长江三角洲城市群和长江中游城市群协同集聚的影响系数显著为正，且这一系数比起没有加入中介变量的协同集聚系数有所降低，结果显示均存在部分中介效应。说明这两个城市群的产业协同集聚能够通过影响产业结构升级，进而影响绿色全要素生产率。成渝城市群不存在中介效应。可能的原因是，长江经济带的产业布局存在明显差异，在制造业集聚方面，东部集聚指数大于中西部地区。服务业则多集中于上海、南京、杭州等大型城市。从主导产业来看，长江三角洲城市群重点发展生产性服务业和高端制造业，长江中游城市群承接东部产业转移，成渝城市群内多数非中心城市产业发展相对滞后，还处于工业规模迅速扩张的阶段，除个别中心城市外，生产性服务业的规模较小，与制造业的结合相对有限，独立发展的特征明显，产业协同集带来的产业结构升级缓慢，阻碍了成渝城市群经由产业结构升级这一渠道，影响绿色全要素生产率的提高。

综上，当中介变量为技术创新时，长江三角洲城市群、长江中游城市群、成渝城市群均存在部分中介效应，这说明产业协同集聚能够通过技术创新来提升绿色全要素生产率；而当中介变量为产业结构升级时，长江三角洲城市群、长江中游城市群均存在部分中介效应，成渝城市群却不存在中介效应。本章的结论具有一定的政策意义，启示绿色全要素生产率比较低的城市，应该加快技术创新和产业结构升级。一方面，科技创新是经济发展的重要动力，长江经济带要实现绿色可持续发展，应发挥科技创新的驱动作用，增强企业和科研机构的创新能力，加大绿色生产技术的研发，积极推广污染治理技术，扩大资源节约技术的应用范围；另一方面，加快生产性服务业和制造业的协同集聚，推进制造业和服务业的深度融合，消除产业之间的壁垒，促进制造业的转型、升级，提高制造业的生产效率，推动产业结构升级的同时，提高绿色全要素生产率。

第七章　产业协同集聚影响绿色全要素生产率的门槛效应检验

前文从理论和实证两方面说明产业协同集聚对绿色全要素生产率的影响机制，本章将进一步深入分析两者之间的关系。当外在的影响因素发生改变时，产业协同集聚与绿色全要素生产率的关系可能会受到影响。本章将根据第二章理论机制的研究假设，利用面板门槛模型，验证当以城市规模、人均 GDP 以及 FDI 为门槛变量时，长江经济带产业协同集聚是否存在门槛效应。本章的分析有两个层面：一个是从长江经济带总体来进行检验，另一个是分城市群（长江三角洲城市群、长江中游城市群和成渝城市群）进行局部的异质性分析，采取从总体到局部的思路进行层层验证。本章致力于为长江经济带推动绿色生产、实行差异化发展提供政策参考的依据。

第一节　面板门槛模型的构建与检验

一、面板门槛模型的构建及检验方法

传统的面板门槛估计方法带有主观随意性，即由学者主观确定某个

变量的门槛值，继而将样本划分为多个区间来进行分组，并且对每组数据进行回归，这种检验方法很难得到可靠的估计结果，也没有办法对参数的显著性进行统计检验。为了规避这些问题，我们将对门槛值进行可靠的参数估计，并进行合理的假设检验，提高估计的可靠性和科学性。

单一门槛面板门槛回归模型的基本方程如下：

$$Y_{it} = \sigma_i + \beta_1 X_{it} \cdot I(q_{it} \leq \delta) + \beta_2 X_{it} \cdot I(q_{it} > \delta) + \eta M_{it} + \varepsilon_{it}$$

$$(7-1)$$

式中，q_{it} 为门槛变量，δ 表示待估计的门槛值，I（·）表示示性函数，M_{it} 为控制变量，σ_i 表示个体效应，ε_{it} 为独立同分布的随机扰动项。

也可以把式（7-1）写成分段函数的形式，如下：

$$Y_{it} = \begin{cases} \sigma_i + \beta_1 X_{it} + \varepsilon_{it}(q_{it} \leq \delta) \\ \sigma_i + \beta_2 X_{it} + \varepsilon_{it}(q_{it} > \delta) \end{cases} \quad (7-2)$$

根据式（7-2），在估计门槛值时，可采用 OLS 方法，对于某个门槛值，可以估计出相应的残差平方和，估计的门槛值越接近真实值，残差平方和就越小，根据这一原则，门槛估计值 $\hat{\delta}$ 应选择使残差平方和最小的 δ，即 $\tilde{\delta} = \arg\min_{\delta} s_1(\delta)$，再估计对应的系数值 $\hat{\beta}(\hat{\delta})$。接下来还需要对该门槛值进行存在性检验和真实性检验。

在进行门槛效应的存在性检验时，原假设为 H_0：$\beta_1 = \beta_2$，表示不存在门槛效应，备择假设 H_1：$\beta_1 \neq \beta_2$，表示存在门槛效应，用 F 统计量进行检验，$F(\delta) = \dfrac{S_0 - S_1(\hat{\delta})}{\hat{\sigma}^2}$，$S_0$ 是原假设下的残差平方和，S_1 是备择假设下的残差平方和。$\hat{\sigma}^2 = \dfrac{S_1(\hat{\delta})}{n(T-1)}$ 是计算出来的扰动项方差的一致估计值，F 统计量的渐进分布不是标准的 χ^2 分布，没有办法采用样本矩求出其相应的临界值。借鉴 Hansen（1999）方法，采用自助抽样法

（Bootstrap 法）获取渐近分布，求解出相应的临界值，继而求出相应的 P 值，以判断是否接受原假设。

在门槛效应存在性检验的基础上，还需要进行门槛效应的真实性检验。可根据原假设 $H_0: \hat{\delta} = \delta_0$，相应备择假设 $H_1: \hat{\delta} \neq \delta_0$，并且对似然比统计量进行检验。似然比统计量如下：

$$\text{LR}_1(\delta) = \frac{S_1(\delta) - S_1(\hat{\delta})}{\hat{\sigma}^2}$$

它的渐进分布也不是标准的 χ^2 分布，可根据 $LR_1(\delta) \leq c(\alpha)$ 为拒绝域，做出判断，其中 $c(\alpha) = -2\ln(1 - \sqrt{1-\alpha})$，$\alpha$ 是显著水平。若拒绝原假设，说明门槛真实性检验通过。

二、面板门槛模型的构建以及变量选取

结合本书的研究对象，并参考 Hansen（1999）提出并构建的门槛模型，以模型中包含两个门槛值为例，可构建如下面板门槛模型：

$$\text{lngtfp}_{it} = \sigma_i + \beta_1 \text{lnco}_{it} \times I(\text{lngdp}_{it} \leq \delta_1) + \beta_2 \text{co}_{it} \times I(\delta_1 < \text{lngdp}_{it} \leq \delta_2) + \beta_3 \text{co}_{it} \times I(\text{lngdp}_{it} > \delta_2) + \eta M_{it} + \varepsilon_{it} \tag{7-3}$$

$$\text{lngtfp}_{it} = \sigma_i + \beta_1 \text{lnco}_{it} \times I(\text{lnfdi}_{it} \leq \delta_1) + \beta_2 \text{co}_{it} \times I(\delta_1 < \text{lnfdi}_{it} \leq \delta_2) + \beta_3 \text{co}_{it} \times I(\text{lnfdi}_{it} > \delta_2) + \eta M_{it} + \varepsilon_{it} \tag{7-4}$$

$$\text{lngtfp}_{it} = \sigma_i + \beta_1 \text{lnco}_{it} \times I(\text{lncv}_{it} \leq \delta_1) + \beta_2 \text{co}_{it} \times I(\delta_1 < \text{lncv}_{it} \leq \delta_2) + \beta_3 \text{co}_{it} \times I(\text{lncv}_{it} > \delta_2) + \eta M_{it} + \varepsilon_{it} \tag{7-5}$$

式中，gtfp_{it} 为本书的被解释变量绿色全要素生产率，采用第四章计算出来的数据，co_{it} 为本书的核心解释变量产业协同集聚，采用第三章计算出来的数据，M_{it} 为系列控制变量，δ 表示对应的待估计的门槛值，选择的门槛变量分别为城市人均 GDP、FDI 和城市规模，下面对门槛变量进行说明。

门槛变量一：城市人均 GDP。门槛变量选择人均 GDP 的原因，一部分是考虑威廉姆森假说在产业协同集聚中是否也依然成立；另一部分是考虑长江三角洲城市群、长江中游城市群、成渝城市群在地理位置上分别处于中国东、中、西地区，三个城市群的经济发展水平与作为中国东、中、西部的经济水平相对应，城市人均 GDP 的不同，代表了不同的经济发展阶段和经济发展状况，经济环境的变化，产业协同集聚的经济效应也会发生变化。在此，以人均 GDP 作为门槛变量做进一步的检验，分析不同的人均 GDP 代表不同的经济发展状况下，产业协同集聚的绿色经济效应的变化。

门槛变量二：外商直接投资 FDI。Elizondo（1996）研究认为产业在一定的地理距离内集聚，集聚在封闭经济条件下作用效应比开放经济条件下更大。王晶晶等（2014）、于斌斌（2015）基于中国面板检验开放性假说是存在的，认为开放程度在集聚对经济的影响起负向作用效应。但不可否认，外资的流入不仅会增加引入城市的资本的数量，还会带来直接投资项目，伴随而来的会有先进的技术、装备，以及先进的治理管理经验，这些都能通过技术的关联，发挥知识溢出作用，影响城市的生产效率以及绿色生产成果。为检验长江经济带产业协同集聚的门槛效应，本书用 FDI 作为门槛变量，并借鉴王晓虹等（2021）的做法，采用各城市当年按历年人民币汇率的平均价格进行折算之后的实际使用外资额占 GDP 的比重来作为 FDI 的代理变量。

门槛变量三：城市规模 cv。当城市规模较小时，多数城市生产性服务业相对发展滞后，以制造业为主，从而生产性服务业与制造业协同程度不高，对制造业的转型升级支持不足，产业结构升级缓慢，对绿色生产不利。柯善咨（2014）研究结论认为，当城市规模较小时，生产性服务业对制造业的支持力度较小，两者之间不能相辅相成，不能达成合作共赢的目标，而当城市规模较大时，生产性服务业为了降低交易成本，从而进入城市核心，与制造业有机融合，充分发挥知识溢出的作用，推动产业结构升级的同时，不断提高生产效率，对绿色全要素的提升起助推作用。本书选用城市规模作为门槛变量，拟进一步验证长江经济带城市群产业协同集聚的绿色经济效应存在门槛效应。本章沿用豆建民（2016）的研究，采用长江经济带城市数据中市辖区年末人口总数作为城市规模的代理变量。人口数量越多，所代表的城市规模也越大。

实证检验时，采用的是城市数据，所采用的变量数据均来自各年的《中国城市统计年鉴》，折算时采用的 CPI 等数据来自各年的《中国统计年鉴》及各地级市统计年鉴，某些年份有缺失的数据通过插值法补齐。在模型估计时，本书采用固定效应模型。

第三节　门槛效应检验一：人均 GDP 为门槛变量

根据前文所述，在一定的约束条件变化时，产业协同集聚对绿色全要素生产率影响具有某种区间效应，主要采用"门槛回归"方法解决，既可以避免交互检验产生的共线性问题，又可以避免传统分组检验中的主观性问题。本节以人均 GDP 作为门槛变量，根据公式（7-3）所设定的面板门槛回归模型，进行门槛值的估计以及相应的门槛效应检验。

一、长江经济带总体样本面板门槛模型的估计结果

门槛变量选择人均实际 GDP，并对人均实际 GDP 取自然对数后进行门槛效应检验，检验结果如表7-1。

表 7-1　人均 GDP 门槛效应检验结果

模型	F 值	P 值	临界值		
			10%	5%	1%
单一门槛	55.43	0.000 0	16.948 6	19.745 7	25.672 6
双重门槛	18.28	0.046 7	15.076 2	17.284 9	25.227 9
三重门槛	24.090 0	0.843 3	58.592 5	68.373 8	77.380 9

从表 7-1 的检验结果可知，单一门槛的 F 值为 55.43，相应 P 值为 0.000 0，通过了显著性检验；双重门槛 F 值为 18.28，得到的 P 值为 0.046 7；三重门槛未通过显著性检验。所以该模型最终为双重门槛模型。

根据表 7-1 的检验结果，我们以图 7-1 来直观表示人均 GDP 的 LR 似然结果。从图 7-1 可以看出，LR 曲线与水平虚线相交的最低点，位于置信区间 95%，门槛值分别为 8.878 7 和 10.707 9，LR 值均小于 95% 置信水平下的临界值，说明模型估计的单一门槛值和双门槛值是真实的，均通过了真实性检验。

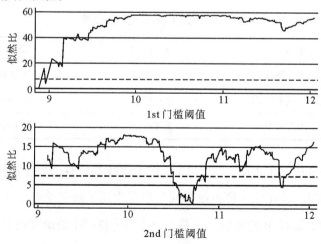

图 7-1　人均 GDP 的 LR 似然结果

表 7-2 为人均 GDP 门槛估计值及置信区间。

表 7-2　人均 GDP 门槛估计值及置信区间

模型		门槛估计值	95%置信区间
单一门槛模型		8.878 7	[8.778 9, 8.899 7]
双重门槛模型	城市规模 1	8.878 7	[8.778 9, 8.899 7]
	城市规模 2	10.707 9	[10.600 9, 10.715 9]

根据表 7-2 的结果，进一步得出人均 GDP 的门槛回归结果（表 7-3），当人均实际 GDP 小于或等于 8.878 7 时，影响系数为 -0.174 4，P 值为 0.000，系数为负值，并且显著，说明协同集聚阻碍了绿色全要素生产率的提升；当人均实际 GDP 介于 8.878 7 与 10.707 9 之间时，影响系数为 0.021 3，系数显著为正值，说明产业协同集聚存在正向的绿色经济效应；当人均实际 GDP 大于 10.707 9 时，影响系数为 0.330 7，系数显著为正值，并且比上一个区间系数有所增大，说明协同集聚对绿色全要素生产率的促进作用随着人均 GDP 的增加而变大。

表 7-3　人均 GDP 门槛回归结果

变量	估计系数	P 值
$q_{it} \leqslant 8.878\ 7$	-0.174 4***	0.000
$8.878\ 7 < q_{it} \leqslant 10.707\ 9$	0.021 3***	0.000
$q_{it} > 10.707\ 9$	0.330 7***	0.000

表 7-3 的结果表明，人均 GDP 作为门槛变量时，产业协同集聚存在门槛效应，长江经济带产业协同集聚在作用于绿色全要素生产率时，受到人均实际 GDP 的影响，说明本书在理论机制中的研究假设 H4 是合理的。其可能的原因是，经济水平较低时（人均 GDP 不超过 8.878 7），生产活动主要依赖于能源的消耗，配套设施可能并不完善，生产效率并

没有完全发挥，能源消耗过高，对环境产生了一定的压力，不利于生产效率的提高以及绿色生产。当人均 GDP 超过了 8.878 7 且不超过 10.707 9 时，随着经济条件改善，城市基础设施建设完善，吸引人力不断流入，技术创新研发的能力不断增强，企业的节能减排技术的持续积累，集聚经济能够更好地发挥其正外部性，促进效率提升，实现绿色生产。当人均 GDP 超过了 10.707 9 后，影响系数为 0.330 72，通过显著性检验，产业协同集聚的绿色经济效应进一步放大，对绿色全要素生产的提升作用进一步增强。城市人均 GDP 提高后，政府对环境保护的保障力度更高，城市更有能力吸引到高技术人才，为技术创新提供了优越的外部条件，这进一步吸引企业向这一城市集聚。同时城市人均 GDP 的提高，也使得政府有能力提供大型的公共除污设施，形成规模效应，降低企业的除污成本。集聚也有利于环境部门对企业的集中监管，有利于绿色生产的进行。这一结论与李珊珊（2020）的研究结果相同，李珊珊的研究结果认为当以经济发展水平为门槛变量时，门槛值分别为 9.262 6 和 9.702 6，当小于第一个阈值时，集聚对绿色全要素生产率有阻碍作用，而当相继跨越过第一个和第二个阈值时，集聚对绿色全要素生产率的促进作用不断增强。

二、分城市群面板门槛模型的估计结果

（一）门槛效应估计

我们以人均实际 GDP 为门槛变量，分别对长江三角洲城市群、长江中游城市群、成渝城市群逐一进行门槛效应检验，检验结果如表 7-4 所示。

表 7-4　分城市群面板门槛效应估计

门槛变量	门槛数	F 值	P 值	门槛值	95%置信区间
长江三角洲城市群	单一门槛	9.74	0.303 3		
	双重门槛	10.91	0.200 0		
长江中游城市群	单一门槛	49.11	0.000 0	9.201 5	[9.115 4, 9.203 4]
	双重门槛	18.24	0.053 3	10.497 9	[10.478 7, 10.499 2]
成渝城市群	单一门槛	15.92	0.053 3	10.176 5	[10.100 5, 10.179 1]
	双重门槛	15.57	0.186 7		

表 7-4 中，长江三角洲城市群当以人均实际 GDP 为门槛变量时，门槛值所对应的 P 值，都没有通过显著性检验，以此为据，认为长江三角洲城市群不存在门槛效应。

长江中游城市群当以人均实际 GDP 为门槛变量时，单一门槛 P 值 0.000 0，通过显著性检验，而双重门槛的 P 值为 0.053 3，也通过显著性检验，所以为双重门槛模型。

成渝城市群当以人均实际 GDP 为门槛变量时，双重门槛检验中，P 值未通过显著性检验，但在单一门槛检验时，P 值通过了显著性检验，所以为单一门槛模型。

（二）门槛模型估计

以人均实际 GDP 为门槛变量，分别对长江三角洲城市群、长江中游城市群、成渝城市群逐一进行门槛模型回归，结果如表 7-5 所示。由于长江三角洲城市群在以人均实际 GDP 为门槛变量时，不存在门槛效应，因此表 7-5 中未列示长江三角洲城市群的模型回归结果。

表 7-5　分城市群面板门槛模型回归结果

地区	变量	估计系数
长江中游 城市群	$q_{it} \leqslant 9.2015$	-0.1997^{***}
	$9.2015 < q_{it} \leqslant 10.4979$	0.2096^{**}
	$q_{it} > 10.4979$	0.1964^{**}
成渝 城市群	$q_{it} \leqslant 10.1765$	0.1898
	$q_{it} > 10.1765$	0.9987^{***}

表 7-5 结果显示，长江中游城市群当人均实际 GDP 小于或等于 9.2015 时，影响系数为 0.1997，是负显著，说明协同集聚对绿色全要素生产率有促进作用；当人均实际 GDP 介于 9.2015 和 10.4979 之间时，影响系数为 0.2096，通过了显著性检验；当人均实际 GDP 大于 10.4979 时，影响系数为 0.1964，也通过了显著性检验，表明协同集聚有利于促进绿色全要素生产率的提高。在经济水平发展的初期，长江中游城市群的各种资源要素集聚，扩大了生产规模，提高了生产效率，从而也有利于提高绿色全要素生产率；但随着经济发展水平的进一步提高，进入第二个门槛值，产业同构现象带来的恶性竞争使得资源利用效率下降，加之长江中游城市群承接了长江下游地区的产业转移，长江中游城市群产业多以劳动密集型或中低技术型制造业为主，不利于绿色效率的提高。拥挤效应出现，资源的优化失当，能源的浪费，都会对绿色经济产生不利影响。但伴随着城市人均 GDP 的持续提高，产业协同集聚度又会促使产业结构进一步升级，协同集聚对绿色经济带来正向影响。

成渝城市群当人均实际 GDP 小于或等于 10.1765 时，影响系数为 0.1898，但 P 值显示系数不显著，说明协同集聚对绿色全要素生产率没有表现出促进作用；当人均实际 GDP 大于 10.1765 时，影响系数为 0.9987，通过显著性检验，协同集聚能够促进绿色全要素生产率的改善。人均 GDP 较低时，企业的知识技术、人力资本水平较低，尤其是生产性服务业很难嵌入制造业的价值链中进行融合提升，阻碍了技术效应的溢出。随着经济发展水平的提高，集聚区内逐渐形成"人才、技术蓄水池"，相关行业加强清洁技术研发和应用，对绿色全要素生产率的作用不断增强。

第三节　门槛效应检验二：FDI 为门槛变量

一、长江经济带总体样本面板门槛模型的估计结果

本节以 FDI 作为门槛变量，根据前文式（7-4）所设定的面板门槛回归模型，进行门槛效应检验。由表 7-6 可知，当以 FDI 作为门槛变量时，单一门槛的 F 值为 36.659 9，相应 P 值为 0.000 0，结果显著，所以为单一门槛模型。由于双重和三重门槛均不显著，本节在此不再报告检验结果。

表 7-6　FDI 门槛效应检验结果

模型	F 值	P 值	临界值		
			10%	5%	1%
单一门槛	36.659 9	0.000 0	13.824 6	15.541 7	22.987 9

由图 7-2 可知，LR 曲线值与水平虚线的交点的最低点落在置信区间为 95% 的区间，相应单一门槛值为 4.285，且 LR 值小于 95% 置信水平下的临界值，结合表 7-7 可知，门槛值与实际门槛值相符，即通过真实性检验。

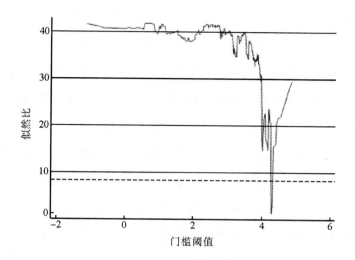

图 7-2　FDI 的 LR 似然结果

表 7-7　FDI 门槛估计值及置信区间

模型	门槛估计值	95%置信区间
单一门槛	4.285	［4.255 2，4.311 3］

表 7-8 为 FDI 门槛变量的回归结果。

表 7-8　FDI 门槛变量的回归结果

变量	估计系数	P 值
$q_{it} \leqslant 4.285\ 0$	−0.071 8*	0.019
$q_{it} > 4.285\ 0$	0.849 4***	0.001

根据表 7-8 可知，当 FDI 小于或等于 4.285 0 时，影响系数为 −0.071 8，通过显著性检验。制造业与生产性服务业协同集聚对绿色全要素生产率作用不显著；当 FDI 大于 4.285 0 时，影响系数为 0.849 4，系数显著为正值，说明制造业在与生产性服务业的协同集聚过程中，当 FDI 大于这一阈值时，对绿色全要素生产率是有改善作用的。

以上检验结果说明，长江经济带产业协同集聚在作用于绿色全要素生产率时会受到 FDI 的影响，前文理论机制中的研究假设 H5 是合理的，得以检验。也就是说，当 FDI 不超过门槛值 4.285 0 时，引入外资规模较小，外资带来的知识溢出效应还不明显，经济发展初期，地方政府为了引入外资，可能会引入一些高能耗污染大的项目，尤其是长江中上游地区由于基础设施、经济发展阶段的限制，引入的大多是技术相对落后的中低端行业，其中以制造业为主，这既障碍了生产效率的提高，又对环境产生了负外部效应，对提高绿色全要素生产率没有产生显著影响。而随着长江经济带发展水平的提高，尤其是在追求高质量发展目标的前提下，引入外资项目时，地方政府会有所筛选，尽量减少高污染企业的进入，鼓励引入科技含量高的外资项目，并且引入的服务业占比越来越高。高技术含量的生产性服务业在技术、管理、制度等方面发挥溢出效应，与制造业进行全方位的融合，极大催生出产业共生性的正外部效应，促进了两种产业进一步协同集聚，推动价值链增值的同时，知识溢出效应带来绿色技术创新，促进清洁技术的推广及应用，降低生产的单位能耗，进一步提高城市绿色全要素生产率。

二、分城市群面板门槛模型的估计结果

（一）门槛效应估计

以 FDI 为门槛变量，分别对长江三角洲城市群、长江中游城市群、成渝城市群逐一进行门槛效应检验，检验结果如表 7-9 所示。

表7-9　分城市群面板门槛效应估计

地区	门槛数	F值	P值	门槛值	95%置信区间
长江三角洲城市群	单一门槛	17.44	0.010 0	2.713 5	[2.622 9, 2.715 8]
	双重门槛	11.31	0.136 7		
长江中游城市群	单一门槛	21.52	0.036 7	0.576 1	[0.501 1, 0.685 7]
	双重门槛	5.40	0.686 7		
成渝城市群	单一门槛	5.11	0.606 7		
	双重门槛	5.02	0.593 3		

表7-9中，以FDI为门槛变量时，长江三角洲城市群的双重门槛效应没有通过检验，相应的P值不显著。但是单一门槛的P值通过了显著性检验，即存在单一门槛，门槛值为2.713 5。LR值小于95%置信水平下的临界值，此单一门槛值为实际门槛值，通过真实性检验。

长江中游城市群当以FDI为门槛变量时，单一门槛P值为0.036 7，是显著性的，通过了检验；双重门槛P值不显著。根据原假设，说明存在单一门槛，此门槛值为0.576 1，且模型估计的单一门槛值通过了真实性检验。

成渝城市群当以FDI为门槛变量时，单一门槛和双重门槛相应的P值显示都不显著，所以，门槛效应不存在。

（二）门槛模型估计

以FDI为门槛变量，分别对长江三角洲城市群、长江中游城市群、成渝城市群逐一进行门槛模型回归，结果如表7-10所示。因成渝城市群以FDI为门槛变量时，门槛效应不存在，所以表中未列示成渝城市群的模型回归结果。

表 7-10　分城市群面板门槛模型回归结果

地区	变量	估计系数
长江三角洲城市群	$q_{it} \leq 2.713\ 5$	$0.048\ 1$
	$q_{it} > 2.713\ 5$	$0.559\ 8^{***}$
长江中游城市群	$q_{it} \leq 0.576\ 1$	$0.151\ 8$
	$q_{it} > 0.576\ 1$	$0.031\ 3^{*}$

表 7-10 中,长江三角洲城市群当 FDI 小于或等于 2.713 5 时,影响系数为 0.048 1,没有通过显著性检验,说明制造业与生产性服务业协同集聚对绿色全要素生产率作用不显著;当 FDI 大于 2.713 5 时,影响系数为 0.559 8,从 P 值来看是显著性的,通过了显著性检验,说明产业协同集聚具有绿色经济效应。这一结果与总体样本的门槛检验结果相近。

长江中游城市群当 FDI 小于或等于 0.576 1 时,影响系数为 0.151 8,从 P 值看,结果不显著性;当 FDI 大于 0.576 1 时,影响系数为 0.031 3,从 P 值看是显著的,说明跨过 0.576 1 这一阈值前后,协同集聚对绿色全要素生产率的影响关系从没有作用变成起促进作用。

总结以上讨论的以 FDI 为门槛变量的模型估计结果发现,长江中游城市群和成渝城市群的结论相似,都是 FDI 较小时,影响系数不显著,当跨越某一阈值后,系数显著为正,说明随着 FDI 的增加,有利于产业协同集聚的绿色经济效应的增强。当 FDI 小于门槛值时,FDI 带来的知识溢出和技术溢出效应不明显,协同集聚的绿色经济效应作用较弱,"污染避难所"的作用更大。当 FDI 越过门槛值时,FDI 带来的技术和知识红利推动着集聚规模的扩大,带来了规模经济效应,同时,制造业发展过程中,生产性服务业做入高级的中间投入品,所凝聚的人力、知识、技术等各种生产要素不断产生竞争效应和学习效应,推动企业生产和管理技术的提升，对制造业是一个升级改造的过程，对生产效率的提升和环境效应都会产生正向影响。

第四节　门槛效应检验三：城市规模为门槛变量

一、长江经济带总体样本门槛模型的估计结果

本节的门槛变量选择城市规模，并对城市规模取自然对数后进行门槛效应检验，检验结果如表 7-11 所示。结果显示：单一门槛的 F 值为 35.93，相应的 P 值为 0.003 3，通过了显著性检验；双重门槛 F 值为 12.54，P 值为 0.161 9，没有通过显著性检验，所以为单一门槛模型。

表 7-11　城市规模门槛效应检验结果

模型	F 值	P 值	临界值		
			10%	5%	1%
单一门槛	35.93	0.003 3	15.573 3	22.060 6	30.150 1
双重门槛	12.54	0.161 9	47.193 5	68.468 8	91.151 3

接下来还需要找出对应的单一门槛值，以及对此门槛值的真实性进行检验。这可以借助 LR 曲线，即似然统计值来实现。似然统计值对应的似然比函数序列趋势图中，门槛值和置信区间有关，如图 7-3 所示，当 LR 曲线图与水平虚线相交，落在图像最低点处，就是对应的门槛值。水平虚线以下为 95%的置信区间。所以，当城市规模为门槛变量时，单一门槛值为 6.385 5。并且，LR 值小于 95%置信水平下的临界值，门槛值通过了真实性检验。在确定了此城市规模的门限值之后，可将样本数据划分为两个区间，即当城市规模小于等于 6.385 5 和当城市规模大于 6.385 5 两个区间。

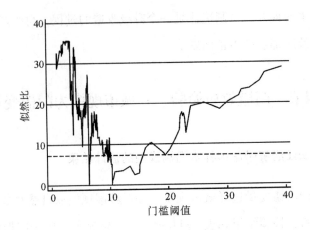

图 7-3　城市规模 LR 似然图

根据表 7-12 和表 7-13 可知，当城市规模小于或等于 6.385 5 时，影响系数为 -0.698，P 值为 0.258，说明协同集聚对绿色全要素生产率是负向的作用结果，且显著；当城市规模大于 6.385 5，影响系数为 0.634 1，P 值为 0.002，通过显著性检验，产业协同集聚对绿色全要素生产率的作用结果由负转为正，并且是显著的促进作用。

表 7-12　城市规模门槛估计值及置信区间

模型	门槛估计值	95%置信区间
单一门槛	6.385 5	[6.380 5, 6.418 2]

表 7-13　城市规模门槛模型回归结果

变量	估计系数	P 值
$q_{it} \leqslant 6.385\ 5$	-0.698^*	0.258
$q_{it} > 6.385\ 5$	$0.634\ 1^*$	0.002

由估计结果可知，城市规模的变化影响长江经济带城市群绿色全要素生产率，存在门槛效应。说明本书的研究假设 H6 具有合理性，即产

业协同集聚的绿色经济效应受到城市规模的影响。究其原因，规模较小的城市产业集聚区内，一些企业受到政府的各项优惠政策吸引而来，多是政府以直接的行政手段干预而形成的集聚区，企业是简单的集合，而没有内在关联性，集聚经济的如共享经济效应、结构效应、环境效应等正外部性很难发挥。产业协同集聚不能促进绿色全要素生产率，反而起阻碍作用。随着城市规模变大，市场容量增加，为接近消费市场，降低交易成本，大量企业尤其是有产业关联的企业进入城市，这些关联企业集聚在一起，逐渐形成协同集聚，发挥协同经济效应。集聚的企业在空间范围内良性互动，形成产业融合，尤其是高端生产性服务业，更易于与上下游企业产生关联，通过产业的前后向关联效应，产生正向知识外溢等效应，进一步促进了绿色全要素生产率的提高。

二、分城市群面板门槛模型的估计结果

为了进一步检验不同地区之间的门槛效应是否存在差异，我们具体分析长江三角洲城市群、长江中游城市群、成渝城市群，以城市规模作为门槛变量来进行门槛效应检验。由于不同地区对门槛变量的敏感性存在差异，且限于篇幅，在此仅汇报这三个城市群相对敏感的门槛效应检验及其回归结果，不再汇报 LR 似然图。

（一）门槛效应估计

我们以城市规模为门槛变量，分别对长江三角洲城市群、长江中游城市群、成渝城市群逐一进行门槛效应检验，检验结果如表 7-14 所示。因为三个城市群在进行门槛效应检验后发现都不存三重门槛，所以估计结果中只汇报单一门槛结果和双重门槛结果。

表 7-14　分城市群面板门槛效应估计

地区	门槛数	F 值	P 值	门槛值	95%置信区间
长江三角洲城市群	单一门槛	38.94	0.000 0	10.311 2	[9.950 2, 10.338 5]
	双重门槛	28.15	0.016 7	6.375 5	[6.330 3, 6.418 0]
长江中游城市群	单一门槛	37.1	0.003 3	3.798 6	[3.777 5, 3.816 1]
	双重门槛	12.66	0.185 8		
成渝城市群	单一门槛	12.74	0.020 0	6.296 8	[6.294 0, 6.373 1]
	双重门槛	48.82	0.110 0	6.506 0	[6.373 1, 6.564 0]

　　长江三角洲城市群的估计结果显示，当门槛变量时为城市规模时，单一门槛和双重门槛的 P 值均是显著的，故为双重门槛；且两个门槛值分别为 10.311 2 和 6.375 5。从似然比值来看，单一门槛和双重门槛均小于 95%置信水平下的临界值，说明双重门槛值通过真实性检验。

　　长江中游城市群的估计结果显示，双重门槛检验的结果，P 值不显著，单一门槛从 P 值来看，通过了显著性检验，故最终为单一门槛模型；且单一门槛值 3.798 96，通过了真实性检验。

　　成渝城市群的估计结果显著，单一门槛和双重门槛的 P 值均显著，符合显著性检验的条件，并且双门槛值分别为 6.296 8 和 6.506 0，双重门槛值通过了真实性检验。

　　(二) 门槛模型估计

　　我们以城市规模为门槛变量，分别对长江三角洲城市群、长江中游城市群、成渝城市群逐一进行门槛效应检验后，检验结果均显示存在门槛值，分别进行门槛模型的估计，估计结果如表 7-15 所示。

表 7-15　分城市群面板门槛模型回归结果

地区	变量	估计系数
长江三角洲城市群	$q_{it} \leqslant 6.375\ 5$	$-0.336\ 4^*$
	$6.375\ 5 < q_{it} \leqslant 6.380\ 7$	$0.510\ 85^*$
	$q_{it} > 6.380\ 7$	$0.070\ 83^{***}$
长江中游城市群	$q_{it} \leqslant 6.296\ 8$	$0.391\ 3$
	$q_{it} > 6.296\ 8$	0.263^{***}
成渝城市群	$q_{it} \leqslant 6.301\ 8$	$-0.595\ 8^*$
	$q_{it} > 6.301\ 8$	$0.419\ 6$

注：*、** 和 *** 分别表示 10%、5% 和 1% 水平下通过显著性检验。

根据表 7-15 长江三角洲城市群门槛模型回归结果来看，当城市规模小于或等于 6.375 5 时，影响系数为 -0.336 4，通过显著性检验。制造业与生产性服务业协同集聚对绿色全要素生产率作用不显著；当城市规模介于 6.375 5 和 6.380 7 之间时，影响系数为 0.510 85，通过了显著性检验。当城市规模大于 6.380 7 时，影响系数为 0.070 83，通过显著性检验，协同集聚能促进绿色全要素生产率的改善。

对长江中游城市群的样本进行门槛模型的回归后，发现当城市规模小于或等于 6.296 8 时，系数为 0.391 3，没有通过显著性检验；当城市规模大于 6.296 8 时，影响系数为 0.263，是显著的。这说明长江中游城市群翻越了这一阈值后，协同集聚产生了正向的绿色经济效应。

从对成渝城市群的样本进行门槛模型的回归结果来看，当城市规模小于或等于 6.301 8 时，影响系数为 -0.595 8，通过显著性检验，制造业与生产性服务业协同集聚对绿色全要素生产率作用显著；当城市规模大于 6.301 8 时，影响系数为 0.419 6，影响系数不显著。

对比长江三角洲城市群、长江中游城市群、成渝城市群门槛模型的估计结果可知，虽然门槛值不同，但大体都有一个特征——当城市规模较小时，影响效应为负值，说明较小的城市规模对绿色全要素生产率的提高没有正向影响，反而有阻碍作用；当城市规模增大，且越过某一门槛值后，影响效应越显著。这可能的原因是，城市规模大，工业生产规模相对较大，产业链也较完整，生产性服务业对制造业的支撑作用越大，协同程度越高，使得知识技术和技术能够在行业间溢出，进而在提升生产绩效的同时，可以减少污染排放，提高绿色全要素生产率。

本章分别以人均 GDP、FDI 和城市规模为门槛变量的模型估计结果说明，同一门槛变量，在不同的城市群，存在门槛效应的区域差别。这个结论的政策启示是，每个城市在绿色发展过程中，都应充分考虑自身的经济发展阶段、产业结构特点、资源禀赋条件、市场容量等因素，选择发展适合的产业和经济集聚模式。

第八章 结论与建议

本书首先对相关的概念进行了界定，并在梳理和回顾相关主题的研究成果的基础上，从理论和实证两个方面分析了产业协同集聚对绿色全要素生产率的影响。

第一，理论分析方面。阐述了外部性理论、新经济地理理论以及绿色经济理论，并将其作为本书理论分析的基础。理论分析主要包括三个方面：首先，基于产业之间存在关联性，对产业协同集聚可以有效提高绿色全要素生产率进行理论分析，接下来，考虑空间因素的影响，由于生产要素的跨区域流动以及城市群产业的分工、协作，产业协同集聚不仅影响本地的绿色全要素生产率，还会影响其他区域的绿色全要素生产率，于是进一步分析空间效应的机制；其次，产业协同集聚在对绿色全要素生产率产生影响时，主要通过技术创新和产业结构升级两条路径产生影响，对其中的影响机制进行分析；最后，进一步深入分析理论基础，考虑如城市人均 GDP、城市 FDI 和城市规模等外部制约因素发生变化时，产业协同集聚与绿色全要素生产率之间可能存在的非线性关系，于是进行门槛效应的理论分析。

第二，实证检验方面。以长江经济带城市数据为研究样本，时间跨度为 2008—2019 年，检验产业协同集聚对绿色全要素生产率的影响。首先，建立空间计量模型，检验其空间效应的存在性；其次，为了检验产业协同集聚通过技术创新和产业结构升级这两条渠道来影响绿色全要素生产率，进行中介效应的检验；最后，以人均 GDP、FDI、城市规模等作为门槛变量，采用面板门槛模型检验产业协同集聚和绿色全要素生产率之间存在的非线性关系。

一、研究主要结论

(一) 理论研究方面

1. 产业协同集聚通过空间效应影响绿色全要素生产率

生产性服务业和制造业的协同集聚，不仅会直接影响本地的绿色全要素生产率，还会通过空间交互作用，使其他城市的协同集聚以及绿色全要素生产率影响本地的绿色全要素生产率，产生邻地效应。其主要原因主要有以下两方面：

第一，市场经济条件下，生产要素在区域间自由流动。首先，当一个地区产业协同集聚水平高于周边其他区域时，劳动力、信息、环境保护知识和技术等高端要素的流入，将会带动区域核心竞争力的提高，会对其他区域产生示范效应和学习效应，进而带动周边区域的绿色全要素生产率的提高，产生空间溢出效应；其次，各个相关企业可以通过信息和资源的共享，进行跨区域的合作，这种合作和交流更加方便、高效，且成本更低，从而可以打破空间的局限，推动周边地区的绿色全要素生产率的发展；最后，相邻地区的发展在总体上具有趋同性，自然资源、技术资源、劳动力资源、知识资源和信息资源的外溢，有利于地区间的资源外溢，从而对相邻地区的经济活动产生影响。

第二，从城市群的角度看，城市群各城市之间是分工协作的。单个城市受到城市规模或是比较优势的限制，历史形成的比较优势不同，本地的生产性服务业的发展程度与制造业发展的层次不同，生产性服务业的供给不一定能够与制造业的需求相匹配，此时可能通过邻近城市来平衡供需关系。在经济带中，形成各城市之间分工协作，可以有效节约产业间的生产和交易成本，促使产业空间布局结构不断优化，这样既可以避免城市间的产业同构，又可以对城市间的资源进行合理配置。这种跨区域合作，形成空间溢出效应。

2. 产业协同集聚通过技术创新和产业结构升级的中介效应影响绿色全要素生产率

生产性服务业具有高人力资本、高成长性的特点。作为中间投入，生产性服务业会渗透到制造业整个生产价值链的各个环节，通过物流、信息技术等媒介作用促进制造业升级，既能提高生产效率，又能降低污染水平，从而促进这两种产业的绿色全要素生产率的提高。其影响路径主要有技术创新和产业结构升级两种。

（1）产业协同集聚—技术创新—绿色全要素生产率的影响路径

这种影响路径的背后逻辑有三点：一是产业协同集聚通过投入产出供需市场的共享以及劳动力市场的共享带来共享经济，共享经济带动企业创新成本的下降，为企业技术创新提供了有利条件；二是产业协同集聚能够缩短区域间的距离，加强了企业合作与交流，推动知识、人力、信息的大量积聚与流动，有利于知识信息交互网络的形成，产生知识溢出效应，减少了企业间技术创新扩散的交易费用，加速了技术创新在产业间的扩散，这种知识溢出为创新营造了协同的技术创新环境；三是产业协同集聚带来的竞争效应，会给企业带来创新动力和创新方向。

（2）产业协同集聚—产业结构升级—绿色全要素生产率的影响路径

一方面，协同集聚促进了各种生产要素的重新优化配置，从而推动产业结构优化；另一方面，生产性服务业发挥了渗透作用，与制造业深度融合，通过两个产业间的融合互动来推动制造业向信息化、智能化方向发展，助推制造业服务化，实现制造业升级。产业结构的优化与升级通常会推动产业体系从过去的以第二产业为主向以第三产业为主转变，进而对绿色生产模式产生积极影响。

3. 产业协同集聚对绿色全要素生产率的影响存在门槛效应

借鉴已有文献，本书将人均实际GDP、FDI和城市规模作为门槛变量，分析产业协同集聚对绿色全要素生产率影响的门槛效应。

产业集聚带来经济增长，但同时也对环境产生影响。经济发展初期，公众的环境保护意识不强，加上个别政府工作的"唯GDP目标"，使得经济高增长与高能源消耗及高环境污染并存。此时，绿色技术水平相对较低，清洁技术相对缺乏，产业协同集聚对绿色全要素生产率的影响相对较弱。当经济发展到一定阶段后，公众的环境保护意识增强，财政收入的提高使政府能有更多的财政支持用于治理环境，从而使经济增长方式从依靠资源投入为主的生产方式，转向以效率为主的追求绿色、可循环的生产方式。此时，制造业中高耗能、高污染的企业会与生产性服务企业相结合，借助生产性服务业的高技术、高知识密集的优势，加强绿色技术的创新，加快清洁技术的推广。这一方面推动了生产效率的提高，另一方面也减少了对环境的负外部效应。

产业集聚也会带来FDI的进入。FDI的进入会伴随着贸易等媒介产生溢出效应、竞争效应、污染效应，对城市绿色全要素生产率产生影响。FDI对环境具有两种截然相反的影响。一是"污染避难所"，即FDI的进入带来高污染的产业，不利于当地的环境状况，从而阻碍绿色全要素生产率的提高；二是"污染光环"，即FDI的进入带来高技术和先进设备能及治理经验，产生知识溢出效应、竞争效应，从而有利于绿色全要素生产率的提高。这两种力量的共同作用，使得产业集聚对绿色全要素生产率产生门槛效应。

产业的发展是以城市作为空间载体，影响集聚效应的大小。对于规模较小的城市来说，市场容量较小，中小城市生产性服务业更适合专业化的集聚模式，中小城市缺乏发展高端服务业的外部基础条件，对城市绿色全要素生产率的提升效应受到限制。高端服务业的发展离不开对知识密集型人力资本的需求，而规模较大的城市对高素质人才更具有吸引力。所以，生产性服务业在大城市更有比较优势，尤其是高端生产性服务业更易于利用其技术优势，对制造业的产业链各个环节产生前后向的关联效应，大城市更能发挥中间品本地市场效应，对城市绿色全要素生产率的提升产生正向影响。

（二）实证研究方面

1. 长江经济带产业协同集聚水平总体呈现波动式上升

通过构建产业协同集聚指数，本书测算了长江经济带产业协同集聚的状况。从时间纬度看，2008—2019 年，长江经济带生产性服务业与制造业协同集聚的整体指数呈波动式上升，长江经济带三大城市群之间和三大城市群内部城市间的产业协同集聚均存在较大差异。这表明，长江经济带产业发展不平衡的问题比较突出。从空间纬度来看，长江经济带三大城市群地区的产业协同集聚呈现出一定的集聚态势，在空间上呈现出从东部的长江三角洲城市群向西部的成渝城市群转移的特征。从产业细分的角度来看，制造业与信息传输业的协同集聚平均指数以及制造业与交通运输业的协同集聚指数相对较高；而制造业与金融业协同集聚指数的平均值以及制造业与租赁业的协同集聚指数平均值则相对较低。

2. 长江经济带绿色全要素生产率总体呈上升趋势

通过对长江经济带城市群的制造业和生产性服务业的绿色全要素生产率进行测算，并就其长江三角洲城市群、长江中游城市群和成渝城市群区域发展差异的分析发现：一是从时间变化角度看，受到金融危机等外在经济环境和环境政策的影响，长江经济带绿色全要素增长率呈现先下降后上升的趋势；二是从城市层面来看，位于中国东部地区的长江三角洲城市群，其绿色全要素生产率指数大于位于中西部地区的长江中游城市群和成渝城市群；三是从绿色全要素生产率的 Theil 指数及其分解来看，形成长江经济带绿色全要素生产率城市群之间差异性的主要原因是组内差异。

3. 长江经济带产业协同集聚对绿色全要素生产率的影响存在空间效应

本书基于城市之间的互动建立空间计量模型。实证检验发现：第一，空间计量模型估计结果中产业协同集聚的系数是显著的，说明协同集聚能够提升绿色全要素生产率。第二，空间效应的直接效应和间接效应的估计结果显示，两种效应中产业协同集聚系数均显著，这说明本地区的产业协同集聚可以提高本地绿色全要素生产率，存在本地效应；间接效应，其他地区尤其是经济特征相似地区的产业协同集聚也能够影响到本地区的绿色全要素生产率，存在空间上的溢出效应。第三，分行业的估计结果表明，生产性服务业内部不同的细分行业，如交通运输业、信息服务业、金融业、科学研究业等与制造业协同集聚对绿色全要素生产率都有不同的贡献值，但影响并不均衡，对绿色全要素生产率影响最主要的还是信息传输业、科学研究业及交通运输业。

4. 长江经济带产业协同集聚对绿色全要素生产率的影响存在部分中介效应

利用中介效应模型的实证检验发现：第一，长江经济带产业协同集聚会通过技术创新这一路径影响绿色全要素生产率，存在部分中介效应。其原因是长江经济带生产性服务业与制造业的协同集聚过程中，新技术、新知识得以产生并传播，激发企业创新活力，从而对绿色全要素生产率的提升起到促进作用。第二，长江经济带产业协同集聚通过产业结构升级这一路径来影响绿色全要素生产率时存在部分中介效应。其原因是，产业协同集聚过程中，各种要素流动，知识溢出效应实现了资源的优化配置，生产性服务业对制造业的升级改造从研发、设计环节介入，并提供全方位的供应链管理，生产过程中加入了信息化服务等，逐渐推动制造业的服务化，实现两种产业融合，促进产业结构升级，进而降低绿色全要素生产率。

5. 长江经济带产业协同集聚对绿色全要素生产率的影响存在门槛效应

本书分别以人均 GDP、FDI、城市规模为门槛变量，进行门槛模型的实证检验。结果表明，长江经济带产业协同集聚对绿色全要素生产率的影响存在门槛效应，且不同门槛变量所形成的门槛效应会因作用、途径和城市群的不同而存在差异。第一，以人均地区生产总值为门槛变量时，是双门槛模型，存在两个阈值。人均 GDP 越大，特别是当超过第一个阈值和越过第二个阈值后，协同集聚都对绿色全要素生产率是正向促进作用，且促进作用是逐渐变大的；但在小于第一个门槛时，是负向作用。第二，以 FDI 为门槛变量时，当 FDI 低于阈值时，生产性服务业与制造业协同集聚对绿色全要素生产率作用不显著；跨过这一门槛值，影响系数变为显著正值，即产业协同集聚能有效提升绿色全要素生产率。第三，当城市规模为门槛变量时，城市规模越大，特别是翻越了阈值后，产业协同集聚可以有效促进绿色全要素生产率的提高；而小于阈值时，作用正好相反，是抑制作用。

二、政策建议

（一）提升生产性服务业和制造业的协同集聚水平

第一，政府应该在顶层设计层面，出台各种政策，为产业协同集聚提供制度保障。生产性服务业往往分布在中心城市，但制造业通常集中分布在城市周边工业园区。为了提升制造业和服务业协同集聚的水平，政府部门在制定行业政策和空间规划时，可以采取财政、税收等优惠政策，引导产业形成集聚；依据当地经济发展水平和制造业产业结构，因地制宜，引导制造业与关联性生产性服务业加强合作，形成区域性集聚。此外，政府应致力于建设良好的制度环境，以维护制造业与生产性服务业良好的市场交易秩序。

第二，大力发展生产性服务业，提高与本地制造业的匹配程度。我国制造业发展迅猛，但是生产性服务业发展滞后，尤其各城市发展程度差异较大，不能满足制造业的升级改造的体系化需要，这影响了与制造业的深度融合。长江三角洲城市群位于我国东部地区，生产性服务业和制造业发展水平较高，协同集聚水平也相对较高，因此政府应致力于提高协同集聚的质量。以制造业为中心，充分利用区位优势，整合人力资源、资本市场、信息流通等要素，提高科技创新的效率和科技成果的市场转化率，通过集约化、规模化的生产模式，引导产业向高端价值链延伸；同时，应当充分考虑当地制造业的发展需求和转型升级状况，发展与当地经济相匹配的生产性服务业，推动企业在节能环保与清洁技术方面的深度合作。而位于我国中西部的长江中游城市群和西部地区的成渝城市群也有其自身特点，制造业发展较快而生产性服务业发展程度较低，影响了协同集聚的水平，应积极"补短板"。这两个城市群应该充分发挥其政策、资源、劳动力方面的比较优势，加大研发投入，增强人才储备的软实力，基于自身地理优势，科学规划集聚区产业发展，通过建立自贸试验区、保税区、工业园区等多种经济园区，作为服务业转移的载体，积极承接国际外包业务，以及东部沿海发达地区产业转移的项目，采取各种措施吸引国内外行业龙头企业的加入，形成一批现代服务业集群。

（二）充分发挥城市群产业协同集聚绿色经济的空间效应

第一，长江经济带城市之间生产性服务业与制造业的集聚存在较强的空间相关性。尤其在三个城市群内部在空间上形成较为显著的"中心-外围"发展形态，生产性服务业与制造业协同集聚能够发挥地理近邻效应。"核心城市"，如长江经济带中上海、武汉、重庆等城市，最大限度地发挥其在区域发展中的核心引导作用，加强其对周边城市的辐射作用和溢出作用。而"周边城市"应积极创造有利条件与核心城市进行全方位合作，如成渝城市群应加强和完善高铁等基础设施建设，以及互联网、大数据等信息网络平台建设，以方便城市群中的边缘城市能够更好地获取来自核心城市的空间溢出效应，推动地区间服务业生产要素的优化配置与空间重组，推动自身制造业从传统的模式向绿色低碳且更富有效率的生产模式转变。

第二，掌握城市群产业协同集聚的空间分布特点，加强一体化建设。对于城市群的发展来说，区域一体化可能使空间溢出效应的作用发挥到最大。区域经济一体化可以扩大要素和产品的市场容量，使得城市群内的各个集聚区域形成协同效应，极大地促进了绿色全要素生产率的提高。政府应在自由竞争的基础上完善协作机制，致力于建设开放的跨越地理边界的经济网络格局，消除长江经济带城市群之间的市场分割，减少要素流动障碍，降低城市群之间的交易成本，各行政区域破除割裂状态，创造统一的营商环境。一体化推进面临的主要障碍就是各个城市主体在经济利益上是竞争关系，因此要协调各城市之间的关系，例如可以借鉴日本的广域联合的模式，在区域内有专门机构处理联合以及协调事宜。在长江经济带的城市群也可以成立区域协调组织，建立区域协作机制，这样既利有于长江经济带总体的资源配置合理化，又能减少各城市政府间的发展矛盾，确保经济带作为一个整体实现利益最大化。

第三，对城市群的产业进行合理的空间布局。生产性服务业和制造业两种产业间的相关性，以及两种产业的合作环境决定了空间溢出效应大小。产业协同集聚发挥溢出效应，与长江经济带的产业布局密切相关，实现产业的合理空间布局，是城市群协调发展的重点。城市群产业结构的布局与调整，应加强城市之间的产业分工，避免产业过度竞争，优化供应链和产业链的分工与合作，避免地方保护主义，强化城市间政府的合作机制，建立多中心城市在空间结构上进行产业分工，由"零和博弈"转变为"合作博弈"，促使城市群产业有序转型和绿色升级，实现各城市合作共赢。整合各城市的产业链，形成城市群空间上产业链的网络化发展，对产业链进行延伸，鼓励产业链跨区域进行纵向延伸或是横向深化，提高各城市间相关产业的空间依存度；在产业政策上，推动具有关联性的产业的配套生产，既能保证生产要素的共享，同时提高资源的利用效率。进一步强化政策机制，长江三角洲城市群持续推动"腾笼换鸟"政策，而长江中游城市群和成渝城市群则实行"造林引凤"的政策。

第四，最大限度发挥关联产业间的知识溢出效应。生产性服务业与制造业关联产业间的知识溢出效应对于产业协同集聚的绿色经济效应的发挥起重要作用。关联产业间的知识溢出效应能大大提升制造业效率，进而改善绿色全要素生产率（蔡海亚，2018）。因此，我们要应积极推进《中国制造2025》发展战略，在制造业中融入生产性服务业，对传统制造业进行信息化、智能化的升级改造，加强行业间的知识、信息的交流，促进行业间的深度融合，把清洁技术嵌入生产流程，减少污染排放，提升绿色生产效率。积极培育一批精于技术的专业化服务企业，鼓励引导生产性服务业向专业化、社会化方向发展，以"制造+服务"的模式，推动社会经济向绿色可持续的方向发展。

（三）把握协同集聚的中介机制，推动绿色经济发展

实证研究的结果，证实了产业协同集聚可以通过技术创新和产业结构升级进而影响绿色全要素生产率，存在部分中介效应。应把握协同集聚的中介机制，推动绿色生产模式。

1. 在政府、企业、学校及科研机构的共同努力下构建绿色技术创新机制

（1）政府层面

政府应从以下四个方面进行发力：①广泛对绿色创新精神进行宣传教育，提高全社会的创新意识，并积极奖励创新行为，保护创新成果，提高个人、企业对创新的积极性，培育社会自主创新机制。②营造有利于科研创新的环境，切实有效地加大对知识产权的保护力度。由于集聚区域内市场竞争压力较大，企业的科研投入相对较高，若知识产权保护力度不够，"搭便车"等行为就会对技术所有者造成的利益损失，从而极大地损害那些投入大量人力、资本用于研发的原创企业，浇灭市场研发的原创精神；而保护创新成果反过来也会鼓励企业加大科研投入，并能获得由科研成果市场化所带来的额外收益。政府可以购买创新专利技术，并建立绿色技术创新共享系统，推广、普及创新的成果，可以有效提高资源使用效率。③从全局出发，围绕产业链部署创新链，打造城市群内研发创新、加工制造、配套服务的全产业链条，积极将科技势能转变为创新动能。在创新制度环境方面，长江三角洲城市群是典范，长江

三角洲城市群的创新发挥作用主要依靠制度创新，上海在 2019 年就提出要不断完善营商环境，保护知识产权，形成规范的市场环境。成渝城市群处于要素创新阶段（余弈杉，2019），应积极就转变为制度创新。④建设城市群创新协同发展中心，加强城市群的信息共享开放机制，使跨城市的各种创新要素形成联盟，促进创新资金流动，实现创新成果的推广快速应用。

（2）企业层面

企业是社会创新的主力军，应重视创新的投入，为创新提供有力的支撑条件，因此要在以下方面进行改进：①重视人力资本在创新中的作用。推进高层次、高技术人才为重点的人才队伍建设，储备技术创新人才，为生产性服务业、制造业科研创新提供高素质人才基础，把创新意识提高为绿色创新能力。②在创新中，充分发挥行业龙头企业的作用，创新除了需要人力资本，还需要大量资金作为后盾，而作为行业的龙头企业常常有此优势，可以通过龙头企业的示范作用，带动其他企业实行绿色、低碳的生产方式。③制造业企业应与专业化的科研机构、高校展开合作，以市场需求为导向的科研创新，往往更容易促进技术成果的转换，形成新知识、新技术，从而使生产效率和产品价值大大提升。长江中游城市群，尤其武汉高校林立，企业更应该充分地和学校展开校企合作，加速科技成果的转化。

（3）学校及科研机构层面

学校及科研机构应重视科技创新成果的市场化，挖掘绿色效率改进空间。为了提高城市绿色全要素生产率，要围绕国家创新战略，对现有技术水平的潜力进行充分挖掘，突破科技创新体制机制的障碍，运用、借助技术合作、成果交易等公共服务平台的力量，缓解"专利沉睡"现象，提升绿色高技术成果转化率。加强产学研结合，把创新研究前移至制造业的产品设计，深入到制造业的生产流程，并进一步细化，对制造业的管理和营销模式等进行全方位的创新，将学术性的科研创新成果转化为企业的创新生产力，形成高技术产品的产业化和市场化能力，最终形成企业的绿色制造能力。

2. 优化资源配置，推动产业深度融合，促进产业结构升级

第一，应促进资源配置的优化，实现产业结构升级。长江中游城市群与成渝城市群的地方政府，应出台各种积极政策鼓励资本、人员、技术的引进，吸纳长江三角洲城市群的剩余生产要素，推动各要素在长江经济带从下游向上游的产业部门之间合理流动和优化配置，进一步放大产业结构合理化对城市群的溢出作用。应结合当地的经济、产业、环境状况，细化人才引进，并提升公共服务如医疗、卫生和社会保障等服务水平，做好人才引进的保障工作，建设竞争有序的产品以及要素市场，提高对高新技术企业的支持。鼓励长江三角洲城市群对长江中游城市群以及成渝城市群的科技对口支援，缩小基础设施、收入等方面的差距，紧密城市之间的交流合作，加强城市之间的产业关联效应，全面提高长江经济带城市之间的资源要素配置效率。

第二，应促进产业的深度融合，促进产业结构升级。本书的实证研究结论认为，信息传输业以及科学研究业在与制造业的协同集聚中，对绿色全要素生产率起正向的影响作用，应深度应用5G、云计算、大数据等信息技术，建立网络化交流平台，为信息、人才、知识等要素资源的协作提供了便利，大大提高企业间创新资源的利用效率，并将创新技术渗透到制造业的各个生产环节，在促进制造业的效率提升的同时，实现绿色生产。此外，金融业在与制造业协同集聚的过程中不能产生绿色经济效应，这种协同集聚应进一步发挥潜力，可以借助信息技术的力量，使得金融与信息技术结合产生的金融科技，在制造业的产业链各个

环节，为企业提供专门性的金融服务。我们要充分挖掘各个细分行业的优势，与制造业协同集聚，沿"微笑曲线"两端，以服务业延伸制造业的产业链条，将更多的服务元素纳入最终产品中，进一步提升产业链服务化，引导制造业企业向价值链高端攀升。通过生产性服务业在制造业各个环节的渗透，实现制造业的服务化，推动产业结构升级优化升级。除此，针对长江经济带各个城市群自身的禀赋条件，制订产业结构优化的路线，长江三角洲城市群向高技术行业和高端制造业发展，进一步提升高端服务业在生产中的作用。长江中游城市群和成渝城市群，要加快发展与制造业相匹配的服务业的种类和数量，加大技术投入力度，对高消耗、高污染、高排放企业进一步升级改造，实现经济转型升级。

（四）区分门槛效应，实现跨越式发展

门槛模型的实证研究结果表明，以人均实际 GDP 作为门槛变量的模型的估计结果表明，人均实际 GDP 越大，其对绿色全要素生产率的拉动作用越强。经济发展水平提高的过程中，人们的环境保护意识更强，对绿色技术的创新，在人才、资金方面更有保障，采用清洁技术的生产效率更高。人均 GDP 普遍较高的长江三角洲城市群，应鼓励技术创新，建立知识传播的通道，积极推进"双轮驱动"战略，发挥其正向的环境效应作用。成渝城市群则应大力提高经济水平，缩小经济带区域发展差距。

当以 FDI 作为门槛变量时，模型的估计结果表明，协同集聚随着 FDI 的增加，产生的绿色经济效应也增强。长江中游城市群以及成渝城市群在地理位置上，处于中国的中西部地区，FDI 水平较低，还有较大的引进外资空间，需要进一步拓展对外开放的广度和深度，积极引进国外适配的先进技术，促进生产性服务业与制造业两种产业在生产中的多方位深层次融合，提高生产效率，降低能耗。而长江三角洲城市群，位置处于东部沿海，很多城市在贸易开放已进入瓶颈期，对外开放的释放政策红利有限，要把目前注重贸易数量的粗放型发展模式，转变为注重贸易质量以及贸易效益型的发展模式。

以城市规模为门槛变量时，不同的城市规模对绿色经济的影响有所不同，即城市规模越大，产业协同集聚产生的绿色经济效应越强。协同集聚的经济效应受到所在城市市场潜能、人力资本储备、资源禀赋、基础设施建设以及工业化所处阶段等各种因素的影响；而城市规模大致就是这些因素的缩影，故集聚效应的发挥与这些因素相关联。对于长江经济带来说，规模较大的城市，所拥有的人力资源、基础设施、市场等更能发挥协同集聚的绿色效应，应发挥其带动作用，最有利的做法是城市群内产业合理分工，实现协同发展。

三、研究局限及研究展望

本书以制造业和生产性服务业的协同为例，从理论和实证方面分析协同集聚的绿色经济效应。研究仍存在一些需要改进的地方。

第一，关于数据来源。本书在对产业协同集聚与绿色全要素生产率问题进行系统讨论时，主要是从宏观数据的层面进行的，缺乏对企业微观数据方面的验证。微观数据的缺乏，造成本书的研究不够完整、全面。在以后的研究中，我们将对微观数据从多渠道、多方面进行挖掘，从企业层面的数据展开更为全面的研究，在同一分析框架下，可能从多层次、多角度更加细致地探讨协同集聚对提升城市绿色全要素生产率指数的影响，使本书的研究结果更具稳健性和普适性。

第二，关于产业种类。本书研究的产业协同集聚，主要聚集于生产性服务业和制造业这两种产业之间。生产性服务业中的信息产业、科学研究业、运输业、金融业以及租赁业等行业类型对制造业的效率提升以及转型升级起着较大的助推作用，集聚产生共享效应、知识溢出效应、竞争效应等对整个社会的绿色生产发挥重要作用。但是，在城市中，服务业也还存在许多其他（如消费性服务业和公共服务业等）行业门类，在制造业生产中也会发挥一定的作用，因此，今后的研究还需要进一步细化，将研究的视角扩展、延伸到消费性服务业、公共性服务业等方面与制造业的协同集聚。

第三，关于具体的案例研究。本书关于产业协同对绿色全要素生产率的研究，是以理论和实证相结合的方式进行论证的。然而，现实经济社会，各个区域各个城市在产业协同集聚过程中，都有自己独特的适用于实际的发展方式，存在异质性特点。若能在理论分析的基础上加入具体的案例，并对发展模式进行比较，总结经验教训，论证将更有针对性和实效性。今后的研究将加入一些典型的产业协同集聚促进全要素生产率的案例。

参考文献

[1] 白洁, 夏克郁. 政府干预区域差异与绿色经济效率测度: 基于长江经济带 107 个地级及以上城市的数据 [J]. 江汉论坛, 2019 (7): 21-27.

[2] 薄文广. 外部性与产业增长: 来自中国省级面板数据的研究 [J]. 中国工业经济, 2007 (1): 37-44.

[3] 蔡海亚, 徐盈之. 产业协同集聚贸易开放与环境污染 [J]. 中国人口资源与环境, 2018, 28 (6): 93-102.

[4] 蔡海亚, 徐盈之, 赵永亮. 产业协同集聚、制造业效率与环境污染 [J]. 中国地质大学学报 (社会科学版), 2020, 20 (2): 60-73.

[5] 陈超凡. 中国工业绿色全要素生产率及其影响因素: 基于 ML 生产率指数及动态面板模型的实证研究 [J]. 统计研究, 2016, 33 (3): 53-62.

[6] 陈国亮, 陈建军. 产业关联、空间地理与二、三产业共同集聚: 来自中国 212 个城市的经验考察 [J]. 管理世界, 2012 (4): 82-100.

[7] 陈建军, 陈菁菁. 生产性服务业与制造业的协同定位研究: 以浙江省 69 个城市和地区为例 [J]. 中国工业经济, 2011 (6): 141-150.

[8] 陈建军,刘月,邹苗苗.产业协同集聚下的城市生产效率增进:基于融合创新与发展动力转换背景 [J].浙江大学学报(人文社会科学版),2016,46(3):150-163.

[9] 陈柯,张晓嘉,韩清.中国工业产业空间集聚的测量及特征研究 [J].上海经济研究,2018(7):30-42.

[10] 陈诗一.中国的绿色工业革命:基于环境全要素生产率视角的解释(1980—2008)[J].经济研究,2010,45(11):21-34,58.

[11] 陈晓峰,陈昭锋.生产性服务业与制造业协同集聚的水平及效应:来自中国东部沿海地区的经验证据 [J].财贸研究,2014,25(2):49-57.

[12] 陈晓峰,周晶晶.生产性服务业集聚空间溢出与城市绿色全要素生产率:来自长江三角洲城市群的经验证据 [J].经济经纬,2020,37(4):89-98.

[13] 陈子真,雷振丹.产业协同集聚对区域经济的影响研究 [J].区域经济评论,2018(3):50-58.

[14] 程中华.城市制造业与生产性服务业的空间关联与协同定位 [J].中国科技论坛,2016(5):85-90.

[15] 程中华.集聚经济与绿色全要素生产率 [J].软科学,2015,29(5):41-44.

[16] 豆建民,刘叶.生产性服务业与制造业协同集聚是否能促进经济增长:基于中国285个地级市的面板数据 [J].现代财经(天津财经大学学报),2016,36(4):92-102.

[17] 豆建民,张可.空间依赖性经济集聚与城市环境污染 [J].经济管理,2015,37(10):12-21.

[18] 杜君君,刘甜甜,谢光亚.京津冀生产性服务业与制造业协

同发展: 嵌入关系及协同路径选择 [J]. 科技管理研究, 2015, 35 (14): 63-67.

[19] 范洪敏, 穆怀中. 环境规制 FDI 与农民工城镇就业 [J]. 财贸研究, 2017, 28 (8): 23-32.

[20] 方齐云, 许文静. 新型城镇化建设对绿色经济效率影响的时空效应分析 [J]. 经济问题探索, 2017 (10): 64-72.

[21] 傅京燕, 胡瑾, 曹翔. 不同来源 FDI、环境规制与绿色全要素生产率 [J]. 国际贸易问题, 2018 (7): 134-148.

[22] 高峰, 刘志彪. 产业协同集聚: 长江三角洲经验及对京津唐产业发展战略的启示 [J]. 河北学刊, 2008 (1): 142-146.

[23] 高觉民, 李晓慧. 生产性服务业与制造业的互动机理: 理论与实证 [J]. 中国工业经济, 2011 (6): 151-160.

[24] 高寿华, 刘程军, 陈国亮. 生产性服务业与制造业协同集聚研究: 基于长江经济带的实证分析 [J]. 技术经济与管理研究, 2018 (4): 122-128.

[25] 葛鹏飞, 黄秀路, 韩先锋. 创新驱动与 "一带一路" 绿色全要素生产率提升: 基于新经济增长模型的异质性创新分析 [J]. 经济科学, 2018 (1): 37-51.

[26] 韩清, 张晓嘉, 徐伟强. 中国工业产业协同集聚的测量及其影响因素分析 [J]. 上海经济研究, 2020 (10): 85-96, 108.

[27] 胡晓鹏, 李庆科. 生产性服务业与制造业共生关系研究: 对苏、浙、沪投入产出表的动态比较 [J]. 数量经济技术经济研究, 2009, 26 (2): 33-46.

[28] 胡绪华, 陈默. 制造业集聚与城市化协同驱动城市绿色全要素生产率提升研究: 来自中国内地 261 个城市的经验证据 [J]. 科技进

步与对策, 2019, 36 (24): 70-79.

[29] 黄娟, 汪明进. 制造业、生产性服务业共同集聚与污染排放: 基于 285 个城市面板数据的实证分析 [J]. 中国流通经济, 2017, 31 (8): 116-128.

[30] 吉亚辉, 陈智. 生产性服务业与高技术制造业协同集聚: 基于区域创新能力的空间计量分析 [J]. 科技与经济, 2018, 31 (5): 26-30.

[31] 吉亚辉, 段荣荣. 生产性服务业与制造业协同集聚的空间计量分析: 基于新经济地理学视角 [J]. 中国科技论坛, 2014 (2): 79-84.

[32] 吉亚辉, 甘丽娟. 中国城市生产性服务业与制造业协同集聚的测度及影响因素 [J]. 中国科技论坛, 2015 (12): 64-68, 100.

[33] 纪玉俊. 制造业集聚变迁与城市绿色全要素生产率: 基于政府与市场关系的视角 [J]. 吉林大学社会科学学报, 2021, 61 (2): 140-149, 238.

[34] 江曼琦, 席强敏. 生产性服务业与制造业的产业关联与协同集聚 [J]. 南开学报 (哲学社会科学版), 2014 (1): 153-160.

[35] 矫萍, 林秀梅. 生产性服务业 FDI 与制造业 FDI 协同集聚对制造业增长的影响 [J]. 经济问题探索, 2016 (6): 85-93.

[36] 景维民, 张璐. 环境管制对外开放与中国工业的绿色技术进步 [J]. 经济研究, 2014, 49 (9): 34-47.

[37] 柯善咨, 赵曜. 产业结构城市规模与中国城市生产率 [J]. 经济研究, 2014, 49 (4): 76-88, 115.

[38] 寇冬雪, 黄娟. 生产性服务业集聚对制造业集聚的减排效应: 基于 2003—2019 年 285 个城市面板数据分析 [J]. 中国流通经济,

2021, 35（11）：78-88.

[39] 匡远凤，彭代彦. 中国环境生产效率与环境全要素生产率分析 [J]. 经济研究，2012，47（7）：62-74.

[40] 李斌，彭星. 环境规制工具的空间异质效应研究：基于政府职能转变视角的空间计量分析 [J]. 产业经济研究，2013（6）：38-47.

[41] 李斌，祁源，李倩. 财政分权 FDI 与绿色全要素生产率：基于面板数据动态 GMM 方法的实证检验 [J]. 国际贸易问题，2016（0）：119-129.

[42] 李成宇，张士强，张伟. 中国省际工业生态效率空间分布及影响因素研究 [J]. 地理科学，2018，38（12）：1970-1978.

[43] 李玲，陶锋. 污染密集型产业的绿色全要素生产率及影响因素：基于 SBM 方向性距离函数的实证分析 [J]. 经济学家，2011（12）：32-39.

[44] 李宁，韩同银. 京津冀生产性服务业与制造业协同发展实证研究 [J]. 城市发展研究，2018，25（9）：16-22.

[45] 李珊珊，马艳芹. 生产性服务业集聚对绿色全要素生产率的影响：基于不同集聚视角下面板门槛模型的实证分析 [J]. 商业研究，2020（4）：40-48.

[46] 李思慧. 产业集聚人力资本与企业能源效率：以高新技术企业为例 [J]. 财贸经济，2011（9）：128-134.

[47] 李卫兵，梁榜. 中国区域绿色全要素生产率溢出效应研究 [J]. 华中科技大学学报（社会科学版），2017，31（4）：56-66.

[48] 李卫兵，涂蕾. 中国城市绿色全要素生产率的空间差异与收敛性分析 [J]. 城市问题，2017（9）：55-63.

[49] 李小胜，张焕明. 中国碳排放效率与全要素生产率研究 [J].

数量经济技术经济研究，2016，33（8）：64-79，161.

[50] 李子叶，韩先锋，冯根福. 我国生产性服务业集聚对经济增长方式转变的影响：异质门槛效应视角 [J]. 经济管理，2015，37（12）：21-30.

[51] 刘华军，杨骞. 资源环境约束下中国 TFP 增长的空间差异和影响因素 [J]. 管理科学，2014，27（5）：133-144.

[52] 刘胜，陈秀英. 生产性服务业与制造业协同集聚对全球价值链分工地位的影响：基于中国工业企业数据和贸易上游度视角 [J]. 当代经济管理，2020，42（11）：17-23.

[53] 刘耀彬，袁华锡，王喆. 文化产业集聚对绿色经济效率的影响：基于动态面板模型的实证分析 [J]. 资源科学，2017，39（4）：747-755.

[54] 刘叶，刘伯凡. 生产性服务业与制造业协同集聚对制造业效率的影响：基于中国城市群面板数据的实证研究 [J]. 经济管理，2016，38（6）：16-28.

[55] 刘祎，杨旭，黄茂兴. 环境规制与绿色全要素生产率：基于不同技术进步路径的中介效应分析 [J]. 当代经济管理，2020，42（6）：16-27.

[56] 刘赢时，田银华，罗迎. 产业结构升级、能源效率与绿色全要素生产率 [J]. 财经理论与实践，2018，39（1）：118-126.

[57] 陆凤芝，杨浩昌. 产业协同集聚与环境污染治理：助力还是阻力 [J]. 广东财经大学学报，2020，35（1）：16-29.

[58] 陆剑宝. 基于制造业集聚的生产性服务业协同效应研究 [J]. 管理学报，2014，11（3）：396-401.

[59] 逯进，李婷婷. 产业结构升级、技术创新与绿色全要素生产率：

基于异质性视角的研究［J］. 中国人口科学，2021（4）：86-97，128.

［60］罗能生，郝腾. 生产性服务业集聚对中国绿色全要素生产率的影响［J］. 系统工程，2018，36（11）：67-76.

［61］孟望生，邵芳琴. 产业协同集聚对绿色经济增长效率的影响：基于生产性服务业与制造业之间要素层面协同集聚的实证分析［J］. 南京财经大学学报，2021（4）：75-85.

［62］苗建军，郭红娇. 产业协同集聚对环境污染的影响机制：基于长江三角洲城市群面板数据的实证研究［J］. 管理现代化，2019，39（3）：70-76.

［63］苗建军，徐愫. 空间视角下产业协同集聚对城市土地利用效率的影响：以长江三角洲城市群为例［J］. 城市问题，2020（1）：12-19.

［64］倪进峰，李华. 产业集聚、人力资本与区域创新：基于异质产业集聚与协同集聚视角的实证研究［J］. 经济问题探索，2017（12）：156-162.

［65］庞瑞芝. 中国省际工业增长模式与提升路径分析：基于工业部门全要素能源效率视角［J］. 中国地质大学学报（社会科学版），2011，11（4）：28-33.

［66］彭继增，邓千千，钟丽. 中国对外直接投资与产业结构升级对绿色经济发展的影响：基于省际面板数据的空间溢出分析［J］. 江西社会科学，2020，40（4）：48-60.

［67］钱龙. 中国城市绿色经济效率测度及影响因素的空间计量研究［J］. 经济问题探索，2018（8）：160-170.

［68］任阳军，何彦，杨丽波. 生产性服务业集聚、制造业集聚对绿色创新效率的影响：基于中国城市面板数据的空间计量分析［J］. 系

统工程, 2020, 38 (3): 27-35.

[69] 任阳军, 汪传旭, 李伯棠. 产业集聚对中国绿色全要素生产率的影响 [J]. 系统工程, 2019, 37 (5): 31-40.

[70] 任阳军, 汪传旭, 齐颖秀. 资源型产业集聚对绿色全要素生产率影响的实证 [J]. 统计与决策, 2020, 36 (14): 124-127.

[71] 邵帅, 张可, 豆建民. 经济集聚的节能减排效应: 理论与中国经验 [J]. 管理世界, 2019, 35 (1): 36-60, 226.

[72] 沈可挺, 龚健健. 环境污染技术进步与中国高耗能产业: 基于环境全要素生产率的实证分析 [J]. 中国工业经济, 2011 (12): 25-34.

[73] 沈能. 环境效率, 行业异质性与最优规制强度: 中国工业行业面板数据的非线性检验 [J]. 中国工业经济, 2012 (3): 56-68.

[74] 盛丰. 生产性服务业集聚与制造业升级: 机制与经验: 来自230个城市数据的空间计量分析 [J]. 产业经济研究, 2014 (2): 32-39, 110.

[75] 舒扬, 孔凡邦. 内生视角下环境规制、产业集聚与城市绿色全要素生产率: 以长江经济带城市为例 [J]. 工业技术经济, 2019, 38 (10): 49-57.

[76] 苏科, 周超. 人力资本, 科技创新与绿色全要素生产率: 基于长江经济带城市数据分析 [J]. 经济问题, 2021 (5): 71-79.

[77] 孙晓华, 郭玉娇. 产业集聚提高了城市生产率吗?: 城市规模视角下的门限回归分析 [J]. 财经研究, 2013, 39 (2): 103-112.

[78] 谭洪波. 生产者服务业与制造业的空间集聚: 基于贸易成本的研究 [J]. 世界经济, 2015, 38 (3): 171-192.

[79] 谭政, 王学义. 绿色全要素生产率省际空间学习效应实证

［J］．中国人口·资源与环境，2016，26（10）：17-24.

［80］唐晓华，张欣珏，李阳．中国制造业与生产性服务业动态协调发展实证研究［J］．经济研究，2018，53（3）：79-93.

［81］唐晓华，张欣钰，李阳．制造业与生产性服务业协同发展对制造效率影响的差异性研究［J］．数量经济技术经济研究，2018，35（3）：59-77.

［82］汪锋，解晋．中国分省绿色全要素生产率增长率研究［J］．中国人口科学，2015（2）：53-62，127.

［83］汪克亮，杨力，程云鹤．要素利用、节能减排与地区绿色全要素生产率增长［J］．经济管理，2012，34（11）：30-43.

［84］王兵，刘光天．节能减排与中国绿色经济增长：基于全要素生产率的视角［J］．中国工业经济，2015（5）：57-69.

［85］王静田，张宝懿，付晓东．产业协同集聚对城市全要素生产率的影响研究［J］．科学学研究，2021，39（5）：842-853，866.

［86］王丽丽，范爱军．空间集聚与全要素生产率增长：基于门限模型的非线性关联研究［J］．财贸经济，2009（12）：105-110，140.

［87］王鹏，谢丽文．污染治理投资企业技术创新与污染治理效率［J］．中国人口·资源与环境，2014，24（9）：51-58.

［88］王瑞荣．生产性服务业与制造业协同集聚对制造业升级的影响［J］．统计与决策，2018，34（4）：132-135.

［89］王晓岭，武春友．"绿色化"视角下能源生态效率的国际比较：基于"二十国集团"面板数据的实证检验［J］．技术经济，2015，34（7）：70-77.

［90］王燕，孙超．产业协同集聚对产业结构优化的影响：基于高新技术产业与生产性服务业的实证分析［J］．经济问题探索，2019

（10）：146-154.

[91] 王燕，孙超. 产业协同集聚对绿色全要素生产率的影响研究：基于高新技术产业与生产性服务业协同的视角 [J]. 经济纵横，2020（3）：67-77.

[92] 王竹君，魏婕，任保平. 异质型环境规制背景下双向 FDI 对绿色经济效率的影响 [J]. 财贸研究，2020，31（3）：1-16.

[93] 温忠麟，叶宝娟. 中介效应分析方法和模型发展 [J]. 心理科学进展，2014，22（5）：731-745.

[94] 吴传清，黄磊. 长江经济带工业绿色发展效率及其影响因素研究 [J]. 江西师范大学学报（哲学社会科学版），2018，51（3）：91-99.

[95] 吴军. 环境约束下中国地区工业全要素生产率增长及收敛分析 [J]. 数量经济技术经济研究，2009，26（11）：17-27.

[96] 吴翔，彭代彦. 中国各地区环境综合指数研究 [J]. 生态经济，2014，30（4）：24-28.

[97] 吴新中，邓明亮. 技术创新空间溢出与长江经济带工业绿色全要素生产率 [J]. 科技进步与对策，2018，35（17）：50-58.

[98] 伍先福. 生产性服务业与制造业协同集聚提升全要素生产率吗？[J]. 财经论丛，2018（12）：13-20.

[99] 伍先福，杨永德. 生产性服务业与制造业协同集聚提升了城镇化水平吗 [J]. 财经科学，2016（11）：79-90.

[100] 席强敏. 外部性对生产性服务业与制造业协同集聚的影响：以天津市为例 [J]. 城市问题，2014（10）：53-59.

[101] 夏后学，谭清美，商丽媛. 非正式环境规制下产业协同集聚的结构调整效应：基于 Fama-Macbeth 与 GMM 模型的实证检验 [J]. 软

科学，2017，31（4）：9-14.

[102]肖攀，李连友，唐李伟，等.中国城市环境全要素生产率及其影响因素分析［J］.管理学报，2013，10（11）：1681-1689.

[103]肖远飞，周博英，李青.环境规制影响绿色全要素生产率的实现机制：基于我国资源型产业的实证［J］.华东经济管理，2020，34（3）：69-74.

[104]邢会，谷江宁，张金慧.两业协同集聚对城市制造业全要素生产率的影响：基于禀赋差异视角［J］.华东经济管理，2020，34（3）：69-74.

[105]徐晓红，汪侠.生产性服务业集聚、空间溢出与绿色全要素生产率提升［J］.统计与信息论坛，2020，35（5）：16-25.

[106]徐晔，宋晓薇.金融集聚，空间外溢与全要素生产率：基于GWR模型和门槛模型的实证研究［J］.当代财经，2016（10）：45-59.

[107]杨桐彬，朱英明，刘梦鹤.资源型城市产业协同集聚、市场化程度与环境污染［J］.产业经济研究，2020（6）：15-27，112.

[108]杨文举.基于DEA的绿色经济增长核算：以中国地区工业为例［J］.数量经济技术经济研究，2011，28（1）：19-34.

[109]杨志江，文超祥.中国绿色发展效率的评价与区域差异［J］.经济地理，2017，37（3）：10-18.

[110]尹庆民，顾玉铃.环境规制对绿色经济效率影响的门槛模型分析：基于产业结构的交互效应［J］.工业技术经济，2020，39（8）：141-147.

[111]余典范，干春晖，郑若谷.中国产业结构的关联特征分析：基于投入产出结构分解技术的实证研究［J］.中国工业经济，2011（11）：5-15.

[112] 余奕杉, 卫平, 高兴民. 生产性服务业集聚对城市绿色全要素生产率的影响: 以中国 283 个城市为例 [J]. 当代经济管理, 2021, 43 (4): 54-65.

[113] 余泳泽, 刘凤娟. 生产性服务业空间集聚对环境污染的影响 [J]. 财经问题研究, 2017 (8): 23-29.

[114] 俞海. 绿色转型新浪潮下的世界与中国 [J]. 人民论坛·学术前沿, 2015 (1): 53-63.

[115] 原毅军, 高康. 产业协同集聚, 空间知识溢出与区域创新效率 [J]. 科学学研究, 2020, 38 (11): 1966-1975, 2007.

[116] 原毅军, 郭然. 生产性服务业集聚, 制造业集聚与技术创新: 基于省级面板数据的实证研究 [J]. 经济学家, 2018 (5): 23-31.

[117] 岳书敬, 邹玉琳, 胡姚雨. 产业集聚对中国城市绿色发展效率的影响 [J]. 城市问题, 2015 (10): 49-54.

[118] 张纯记. 生产性服务业集聚与绿色全要素生产率增长: 基于地区与行业差异的视角 [J]. 技术经济, 2019, 38 (12): 113-119, 125.

[119] 张虎, 韩爱华. 中国城市制造业与生产性服务业规模分布的空间特征研究 [J]. 数量经济技术经济研究, 2018, 35 (9): 96-109.

[120] 张虎, 韩爱华. 制造业与生产性服务业耦合能否促进空间协调: 基于 285 个城市数据的检验 [J]. 统计研究, 2019, 36 (1): 39-50.

[121] 张军涛, 范卓玮. 城市产业结构与绿色全要素生产率: 基于东北地区的实证分析 [J]. 科技管理研究, 2021, 41 (13): 77-86.

[122] 张军涛, 朱悦, 游斌. 产业协同集聚对城市经济绿色发展的影响 [J]. 城市问题, 2021 (2): 66-74, 94.

[123] 张可. 空间视角下经济集聚的减排效应研究 [J]. 华中科技大学学报（社会科学版），2017，31（3）：86-97.

[124] 张明斗，王亚男. 制造业、生产性服务业协同集聚与城市经济效率：基于"本地—邻地"效应的视角 [J]. 山西财经大学学报，2021，43（6）：15-28.

[125] 张平淡，屠西伟. 制造业集聚促进中国绿色经济效率提升了吗？[J]. 北京师范大学学报（社会科学版），2021（1）：132-144.

[126] 张三峰，魏下海. 信息与通信技术是否降低了企业能源消耗：来自中国制造业企业调查数据的证据 [J]. 中国工业经济，2019（2）：155-173.

[127] 张素庸，汪传旭，任阳军. 生产性服务业集聚对绿色全要素生产率的空间溢出效应 [J]. 软科学，2019，33（11）：11-15，21.

[128] 张治栋，陈竞. 异质性产业集聚及其协同发展对经济效率的影响：以长江经济带 108 个城市为例 [J]. 工业技术经济，2019，38（6）：97-104.

[129] 张治栋，陈竞. 环境规制、产业集聚与绿色经济发展 [J]. 统计与决策，2020，36（15）：114-118.

[130] 张治栋，赵必武. 互联网与制造业协同集聚能否提升城市绿色效率：基于中国 283 个城市的经验分析 [J]. 华东经济管理，2020，34（10）：65-73.

[131] 赵景华，冯剑，张吉福. 京津冀城市群生产性服务业与制造业协同集聚分析 [J]. 城市发展研究，2018，25（4）：62-68.

[132] 郑强. 城镇化对绿色全要素生产率的影响：基于公共支出门槛效应的分析 [J]. 城市问题，2018（3）：48-56.

[133] 周杰琦，张莹. 外商直接投资、经济集聚与绿色经济效率：

理论分析与中国经验［J］. 国际经贸探索，2021，37（1）：66-82.

［134］周明生，陈文翔. 生产性服务业与制造业协同集聚的增长效应研究：以长株潭城市群为例［J］. 现代经济探讨，2018（6）：69-78.

［135］朱凤慧，刘立峰. 中国制造业集聚对绿色全要素生产率的非线性影响：基于威廉姆森假说与开放性假说的检验［J］. 经济问题探索，2021（4）：1-11.

［136］朱金鹤，王雅莉. 中国省域绿色全要素生产率的测算及影响因素分析：基于动态 GMM 方法的实证检验［J］. 新疆大学学报（哲学人文社会科学版），2019，47（2）：1-15.

［137］庄德林，吴靖，杨羊，等. 生产性服务业与制造业协同集聚能促进就业增长吗［J］. 贵州财经大学学报，2017（5）：59-68.

［138］ANDERSSON M. Co-location of manufacturing & producer services：a imultaneous equation approach［C］. New York：Entrepreneurship and dynamics in the knowledge economy，2006：94-124.

［139］ALONSO-VILLAR O，Chamorro Rivas J. How do producer services affect the location of manufacturing firms? The role of information accessibility［J］. Environment and planning，2001，33（9）：1621-1642.

［140］AMITI M. Location of vertically linked industries：agglomeration versus comparative advantage［J］. CEPR discussion papers，2001，49（4）：809-832.

［141］BALDWIM R E. Agglomeration and endogenous capital［J］. European economic review，1999，43：253-280.

［142］BAUMOL W J. Macroeconomics of unbalanced growth：the anatomy of urban crisis［J］. American economic review，1997，57（3）：415-426.

［143］BILLINGS S B，Johnson E B. Agglomeration within an urban area [J]. Journal of urban economics, 2016, 91 (11): 13-25.

[144] BRUELHART M, Mathys N A. Sectoral agglomeration economies in a panel of european regions [J]. Regional science & urban economics, 2008, 38 (4): 348-362.

[145] CHEN S, GOLLEY J. Green' productivity growth in China's industrial economy [J]. Energy economics, 2014, 44: 89-98.

[146] CHUNG Y, FRE R. Productivity and undesirable outputs: a directional distance function a approach [J]. Microeconomics, 1997, 51 (3): 229-240.

[147] CICCONE A, Hall R E. Productivity and density of economic activity [J]. American economic review, 1993, 86 (e-93-6).

[148] COHEN S, Zysman J. Manufacuring matters: the myth of the post-industrial economy [C]. New York: Basic book, 1987: 80.

[149] COMBES P P, DURANTON G, Gobillon L, et al. The productivity advantages of large cities: distingushing agglomeration from firm selection [J]. Econometrica, 2012, 80 (6): 2543-2594.

[150] DANIELS P. W. Services industries: a geographical appraisal [M]. London: London methuen, 1982: 1-16.

[151] DONG B, GONG J, ZHAO X. FDI and environmental regulation: pollution haven or a race to the top? [J]. Journal of regulatory economics, 2012, 41 (2): 216-237.

[152] DRUCKER J, FESRR E. Regional industrial structure and agglomeration economies: an analysis of productivity in three manufacturing industries [J]. Regional science & urban economics, 2015, 42 (1-2): 1-14.

[153] EHRENFELD J. Putting a spotlight on metaphors and analogies

in industrial eology [J]. Journal of industrial ecology, 2010, 7 (1): 1-4.

[154] ELLISION, G and GLASER, E L. Geographic concentration in US manufacturing industries: a dartboard approach [J]. Journal of political economy, 1997, 105: 889-927.

[155] ERIK, T, VERHOEF, et al. Externalities in urban sustainability: environmental versus localization – type agglomeration eexternalities in a general spatial equilibrium model of a single-sector monocentric industrial city [J]. Ecological economics, 2002, 40 (2): 157-179.

[156] ESWARAN, KOTWAL. The role of the service sector in the process of industrialization [J]. Journal of development economics, 2002, 68 (2): 401-420.

[157] FAGBOHUNKA A. Industrial agglomeration and environmental problems severity perception, in the Lagos region, Nigeria [J]. Dissertations & theses-gradworks, 2015, 8 (6): 33-48.

[158] FORSLID R, OKUBO T. Spatial sorting with heterogeneous firms and heterogeneous sectors [J]. Regional science and urban economics, 2014, 46 (3): 42-56.

[159] FUJITA M, THISSE J F . Economics of agglomeration: cities, industrial location, and regional growth [M]. Cambridge: The MIT press, 1999, 46 (3): 56.

[160] GALLAGHER R M. Shipping costs, Information costs, and the sources of industrial coagglomeration [J]. Journal of regional science, 2013, 53 (2): 304-331.

[161] GHANI S E. spat ial development and agglomeration economies in service-lesson from India [J]. Social science electronic publishing, 2016,

(5): 23-34.

[162] GRAHAM D J. Identifying urbanisation and localisation externalities in manufacturing and service industries [J]. Papers in regional science, 2010, 88 (1): 63-84.

[163] HALL R E, Productivity and the density of economic activity [J]. The american economic review, 1996, 86 (1): 54-70.

[164] HARBERGER A C, A vision of the growth process [J]. The american economic review, 1998, 88 (1): 1-32.

[165] HELSLEY R, STRANGE W. Coagglomeration, clusters, and the scale and composition of cities [J]. Journal of political economy, 2014, 122 (5): 1064-1093.

[166] KEEBLE D, WILKINSON F. High-technology clusters, networking and collective learning in Europe [M]. [s.l.]: Routledge, 2017.

[167] KE S, YU Y. The pathways from industrial agglomeration to TFP growth-the experience of Chinese cities for 2001—2010 [J]. Journal of the Asia Pacific economy, 2014, 19 (2): 310-332.

[168] KLAUS D, MARCEL F. Changes in the spatial concentration of employmen across US counties: a sectoral analysis 1972—2000 [J]. Journal of economic geography, 2005, 5 (3): 261-284.

[169] KLEIN A, CRAFTS N . Agglomeration economies and productivity growth: U.S. cities, 1880—1930 [J]. CAGE online working paper series, 2015, 4 (4): 194-195.

[170] KOH, H, J., RIEDEL. Assessing the localization pattern of German manufacturing and service industries: a distance-based approach [J]. Regional studies, 2012, 48 (5): 823-843.

[171] KOLKO J. Urbanization, agglomeration, and co-agglomeration of service industries [J]. Urban studies, 2007, 20 (50): 191-229.

[172] KOLKO J. Agglomeration, and coagglomeration of service industries [M]. [s.l.]: university of Chicago press, 2011.

[173] KRUGMAN P. Geography and trade [M]. Cambridge MA: MIT press, 1991: 105.

[174] LI K, LIN B, Impact of energy conservation policies on the green productivity in China's manufacturing sector: evidence from a three-stage DEA model [J]. Applied energy, 2016, 168: 351-363.

[175] LIN B, ZHU J. Fiscal spending and green economic growth: evidence from China [J]. Energy economics, 2019, 83 (9): 264-271.

[176] MARKUSEN, J. R, Trade in producer services and other specialized intermediate inputs [J]. American economic review, 1989, 79 (1): 85-95.

[177] MARSHALL A. Elements of the economics of industry [M]. London: Macmillan, 1920: 85.

[178] MUKIM M. Coagglomeration of formal and informal industry: evidence from India [J]. Journal of economic geography, 2014, 15 (2): 329-351.

[179] OKUBO B T. Heterogeneous firms, agglomeration and economic geography: spatial selection and sorting [J]. Journal of economic geography, 2006, 6 (3): 323-346.

[180] OTTAVIANO G. Monopolistic competition, trade, and endogenous spatial fluctuations [J]. Regional science & urban economics, 2001, 31 (1): 51-77.

[181] POTER M E. Clusters and new economics of competetion [J]. Harvard business review, 1998, 10 (11): 77-91.

[182] SCHEEL H. Undesirable outputs in efficiency valuations [J]. European journal of operational research, 2001, 132 (2): 400-410.

[183] SZIMAI T A. Productivity growth in Asian manufacturing: the structural bonus hypothesis examined [J]. Structural change and economic dynamics, 2000 (4): 371-392.

[184] TAAFFE E J. The urban hierarchy: an air passenger definition [J]. Economic geography, 1962, 38 (1): 1-14.

[185] WAGNER U J, TIMMINS C D. Agglomeration effects in foreign direct investment and the pollution haven hypothesis [J]. Environmental & resource economics, 2009, 43 (2): 231-256.

[186] WEI W, ZHANG W L, WEN J, et al. TFP growth in Chinese cities: the role of factor-intensity and industrial agglomeration [J]. Economic modelling, 2020, 91.

[187] WERNERHEIM C M. The tendency of advanced services to co-locate and the implications for regional government policy [J]. Service industries journal, 2010, 30 (5~6): 731-748.

[188] WETWITOO J, KATO H. Inter-regional transportation and economic productivity: a case study of regional agglomeration economies in Japan [J]. Annals of regional science, 2017, 59 (2): 1-24.

[189] WU Y. Regional environmental performance and its determinants in China [J]. China & world economy, 2010, 18 (3): 73-89.

[190] XIE R H, YUAN Y J, HUANG J J. Different types of environmental regulations and heterogeneous influence on green productivity: evi-

dence from China [J]. Ecological economics, 2017, 132 (2.): 104-112.

[191] YUSUF S. Intermediating knowledge exchange between universities and businesses [J]. Research policy, 2008, 37 (8): 1167-1174.

[192] CANDAU F, DIENSCH E. Pollution haven and corruption paradise [J]. Journal of environmental economics and management, 2016, 85: 171-19